法苑探析

成玉青 著

山西人民出版社
山西出版集团

树立责任感　拓开新思路

——序成玉青同志的《法苑探析》

李玉臻

成玉青同志近年来在法院工作中，勤于学习，勇于实践，善于思考，以一个人民法官的责任感，密切关注国家和地方经济社会发展的新形势，深入探讨审判工作中的新情况和新问题，写下了十多篇研究文章。这些文篇主题鲜明，思路开阔，涉及广泛，问题具体，语言通畅，文风朴实，都很值得一读。尤其是对于我们法官和其他法律工作者，以及其他相关部门的同志，都会从这些文篇中得到一些启发，这对于改进我们的法律工作有着积极的意义。

就我个人的读后体会来说，我感到成玉青同志的这些调研文章有如下三点值得肯定：

一是强烈的针对性。成玉青同志的这些文章的内容，不是凭空而来的，不是关在办公室里想出来的，也不是道听途说而来的。她在文章里所涉及的问题，都是来之于她的工作实践，来之于她对工作中遇到的实际问题的思考，都是当前审判工作所面临的一些非常现实的问题，有些还是社会热点问题。如《农村土地承包经营权纠纷的法律思考和建议》一文中所涉及的问题，不仅是当地农村的问题，而且是全国农村普遍存在的问题。该文中将这一问题揭示得非常具体，指出了农村土地经营权纠纷的几种类型，包括代耕代种纠纷、农民自发的土地流转纠纷、重新划拨的纠纷、征用土地引起的纠纷、土地经营权的继承纠纷等等，文章在分析纠纷现状的基础上，提出了解决问题的建议。其对现象的分析和所提建议，都具有很强的针对性，解决好这一问题，对于巩固农村现行体制、发展农业经济、建设社会主义新农村，都有着重要意义。

二是一定的理论性。成玉青同志在写作调研文章中，一方面非常注重实际情况的调查，另一方面也非常重视站在法律和理论的高度上去认识问题、研究问题，这样才能提出科学的有价值的措施和建议。如交通肇事赔偿案件、人身损害赔偿案件、医疗事故赔偿案件，都是民事审判中数量很大、情况复杂、审理难度突出的案件类型。成玉青同志的文章中，在分析这些案件的受理状况的同时，指出了目前在审理这些特殊类型案件中存在的问题和工作差距，尤其是着重从现行法律规定和法理上进行探索，从立法层面和司法层面上分别找出了存在的问题、原因，提出了相应的对策。这些作为来自基层和来自实际工作的真切的感悟，提升到对一些法律理论问题的思考，应该说对于如何完善相关的法律制度，都是一些非常有益的参考意见。

三是现实的指导性。作者调研和写作论文，目的当然都是为了对实际工作有所指导。从本书的各篇文章的结构来看，大体都是首先提出问题，列出当前审判工作中遇到的一些亟须引起注意的现象，然后分析问题产生的原因，最后一部分是提出解决问题的方法、措施、建议，这当然是文章的重点和落脚点。每篇中所提出的解决问题的方法、措施和建议，都非常切合当前工作的实际，对工作的指导意义是不言而喻的。如当前正处在一个社会矛盾的多发期，各种民间纠纷大量存在，民事转成刑事案件的情况频繁发生，人民群众上访问题给各级党委、政府和司法机关都带来很大的压力。成玉青同志在多篇文章中都涉及对解决民间纠纷的有效机制的探索。如文中提出了“建立多元化的解决纠纷的新机制”，“健全基层组织，发挥第一道防线的作用”，“加强诉讼调解，化解社会矛盾”，“构建以法院为主，三调联动的大调解格局，实现人民调解、行政调解和司法调解的有效对接”，这些建议和意见都是很现实、很迫切、很有针对性和指导性的。对于我们各级法院来说，加强诉讼调解，积极化解社会矛盾，无疑是当前和今后一个时期审判工作的突出的重心。

以上所述，也是我就本书的内容，向读者所作的推荐和评介意见。最后我还想说的一个意思，是关于作者本人的敬业精神和刻苦钻研的学习态度，这是尤为可贵的。成玉青同志到法院任职时间不是很长，她之所以能够写出这些调研文章，首先是出于对审判事业的热爱和忠诚，出于对我们的社会和人民的热爱和责任感，同时也体现出她忠于职守、勤奋敬业、钻研业务、刻苦学习的精神。我想我们每个法官都应当树立这样一种责任感，应当具有对人民高度负责的敬业精神和对法律、对审判业务刻苦钻研的精神，在开展审判工作中展开视野，拓开思路，加强调查研究，注重总结经验，努力学习和探讨法律理论，不断对审判工作和其他相关工作提出积极的措施和建议，以推动法院工作的改革和法治建设的前进，为国家和地方的和谐安定和社会经济的健康发展，作出应有的贡献。

2011 年 4 月

序

人民法院践行“为大局服务、为人民司法”工作主题，既要把审判工作搞好，也要把丰富的审判资源发掘好、利用好。也就是说，既要实现法律效果和社会效果的统一，也要实现法律效果和社会效果的最大化。《法苑探析》这本书，就在这个方面进行了有益的探索。该书作者将丰富的基层工作经验、扎实的法律知识和审判工作实践融为一体，为当地政府和各职能部门提出了如何互相配合化解社会矛盾的建设性意见；为金融、医疗、供热等机构提出合理的司法建议；为企业指出规范经营行为、防范法律风险的有效途径；为公民提出如何用法律武器保护自己的合法权益。同时，对审判中存在的问题和审理难点进行剖析，在完善法律制度、加强民事审判等方面提出司法改革建议，具有较强的指导性和借鉴性。

作为一名基层法院的副院长，在短短几年的审判实践中，能够结合工作实际，注重调查研究，关注社会热点，写出这么多篇实用性、可读性、操作性都比较突出的好文章，确实是可喜可贺的！这种路子是理论联系实际、执法为民的好路子，这种实践是坚持“三个至上”、能动司法的具体实践。

调查研究是人民法院的基础性工作，是做好法院工作的重要途径。全省法院要大兴调查研究之风，总结审判经验，创新工作思路，增强司法能力，提高服务水平，为我省资源型经济转型综合配套改革试验的顺利进行，为“十二五”时期再造一个新山西，提供强有力的司法保障，作出无愧于时代的新的更大的贡献！

是为序。

2011 年 4 月

目 录

CONTENTS

第一篇 司法调研

金融危机对我区民商事审判工作的影响及对策 / 3

多元化解决纠纷机制的探索和实践 / 9

民事案件转化为刑事案件的现状、原因及对策 / 15

充分发挥司法的能动性 为实现低碳经济提供法律服务和法制保障 / 21

推进三项重点工作 服务转型跨越发展 / 28

人身损害赔偿法律适用问题研究 / 35

第二篇 审判实务

围绕中心 创新机制 为我区的社会稳定和经济发展创优环境 / 47

劳动争议案的审理难点剖析 / 56

关于建立和完善交通事故速处机制的几点建议 / 66

金融借贷案件的形成原因及防范措施 / 74

浅议民事案件送达中存在的问题/ 82
民间借贷案件法律风险的防范/ 88
竞业限制合同案件应把握的法律问题 / 96
加强诉讼调解 化解社会矛盾/ 104

第三篇　热点探讨

农村土地承包经营权纠纷的法律思考和建议/ 113
供热合同纠纷的成因及对策/ 119
交通肇事案的法律思考及对策/ 124
医疗损害赔偿案件审理中存在问题分析/ 132
房屋买卖合同案件法律风险的防范/ 143

第四篇　司法建议

预防校园人身损害的司法建议 / 155
企业诉讼的法律风险与防范措施 / 160

第五篇　案例分析

机动车出租人应尽审查义务 / 169
如何区分劳动关系和加工承揽关系 / 172
如何认定夫妻关系存续期间的共同债务与个人债务 / 177
善意取得房屋并过户买卖行为有效 / 181
生日宴会头部起火　责任人承担相应责任 / 184
一起交通肇事案件的分析 / 189

拾得人对遗失物有归还失主的义务 / 193

合伙企业的合伙人的责任承担 / 196

关于保险定损问题的法律分析 / 199

后 记 / 206

法苑探析

第一篇

司法调研

金融危机对我区民商事审判工作的影响及对策

当前，国际金融危机对全球经济产生了深远而广泛的影响，我国经济也面临前所未有的严峻挑战。就我区而言，受金融危机的影响，经济增长速度同比回落，主要工业品产量大幅下降，价格明显下跌，企业生产经营出现较大困难，停产企业增多，工业园区内的121户工业企业都不同程度受到影响，处于停产半停产状态的企业达40户，占投资企业总数的50%，41户规模以上企业除20户企业生产经营情况基本正常外，17户企业已经停产，4户企业处于半停产状态，造成6000名职工下岗歇业，严重影响我区的经济发展和人民群众的安居乐业，给我区社会治安的稳定增加了压力，也给法院的审判工作增加了压力。

一、企业存在的问题及困难

为了深入了解企业受金融危机影响面临的困难和问题，更好地支持企业、服务经济，我们区法院于5月初对榆次工业园区的企业展开调研，发现企业主要面临以下问题：

1. 工业企业的产供销链条断裂。

在调研中我们发现，从去年10月份以来，全球金融危机已经深层次波及经济实体各个领域，多数工业企业面临的市场压力，不仅仅是产品价格下挫，导致亏损，更突出的问题是整个供求市场停滞不动，即便是实行降价也同样是购买力不足，销售脱节，导致产品积压，迫使企业不得不处于停产半停产状态，不能进行正常生产经营。

2. 工业企业的资金链条断裂。

去年底，金融危机对实体经济的影响已经显现，受宏观经济的影响，市场疲软，需求不足，大量产品降价滞销，积压加剧，加之原材料暴涨暴跌，造成资金缩水，货款难收，流动资金需求剧增，进一步加剧了企业资金周转的困难，资金短缺成为当前工业企业发展的突出难题。

3. 工业企业订单大幅度减少。

由于终级消费者的社会保障缺失，失业和就业的心理压力等因素，导致社会购买力不足，原有的订单减少，生产能力急剧下降，如海锐五金公司受国外市场购买力下降等因素的影响，订单减少，生产能力的发挥量仅是原来的三分之一。

4. 工业企业大幅度减员。

《劳动合同法》实施以来，企业用工费每人每月平均增加100多元，劳动力成本的增加，造成工业产品价格的增加，影响到产品的竞争能力，因此有些企业大幅度裁员，以缓解企业暂时的风险。即使有的企业向政府承诺不减员、不减薪，也是承受着巨大的市场压力，大伤企业的元气。

二、民商事审判工作的新问题

金融危机给我区的经济带来了严重的影响，我们基层法院今年也面临着沉重的审判工作任务，自去年经济危机逐步扩大以来，我院受理的案件虽然没有立即表现出明显的增幅，但隐藏的矛盾纠纷有发生、发展、变化的过程，加之法院总是作为纠纷解决的最后一个途径，导致了这类纠纷表现出“反应迟缓”的现象。而金融危机的波及速度之快、范围之广，在今年后半年和明年初受案数量必将大幅度提升，而且会给民商事审判工作带来新的难题。

首先，案件数量日趋增多。由于金融危机的不断加深，企业间的矛盾逐渐显现，折射到审判业务工作中主要是五类案件日渐增多：一是买卖合同纠纷案件增多。企业履行合同的能力大幅度下降，甚至宁可违约支付不菲的违约金，也不愿按期履行合同，或者说没有能力履行合同，企业之间延迟交货、不提货、互相拖欠货款，不履行、不全面履行合同是造成这类矛盾纠纷增多的主要原因，原有的正常经济秩序被打破了。二是借贷款合同纠纷增多。由于市场的萎缩、资金链条的断裂，资金大幅度缩水，原有的履行能力降低，形成恶性循环，三角债、多角债纠纷时有发生。三是劳动争议案件增多。由于企业不景气，经济性裁员、拖欠职工工资和职工劳动保护待遇得不到保障，一些职工请求法院维护其合法权益，往往形成群体性诉讼案件。四是破产案件增多。企业资不抵债，债权人申请企业进入破产程序保护自己的合法权益；债务人也会通过申请破产以解脱债务。五是房地产纠纷案件增多。因房地产市场低迷产生的退房纠纷、银行追讨贷款、追偿建设工程款、解除预售合同等案件也逐渐增多。

其次，审理案件的难度加大。这些案件的共同特点是社会影响大，涉及范围广，一个案件的审理结果往往会影响到一批案件，处理不慎就会引发群体性诉讼或者集体上访，案件调解难度也增大了。金融危机最明显的表现就是资产缩水，当事人的履行能力大不如前，而作为债权人，法律并没有规定其权利应随债务人履行能力的减弱而变更，他们并不愿意分担金融危机带来的风险。当事人双方调解让步空间的缺失，造成调解解决案件的可能性减小，难度增大，而判决处理的案件又往往是难以执行或者说无财产可供执行。这些问题的出现对审理民商案件的法官是一场严峻的考验。

第三，裁判文书执行难度大。“执行难”，在金融危机的背景下执行更难。企业面临的资金等方面的困难暂时不能缓解，执行对企业来说是面临更大困难，如何有效地执行企业的生效裁判文书将是今后一段时间需要研究的新课题。

三、应对措施和建议

金融危机的影响使我区的企业受到了重挫，区委领导非常重视，时刻关注企业的振兴发展。我们法院作为司法部门，除了行使审判权之外，为企业解决纠纷、搞好法律服务是我们义不容辞的责任，所以我们把今年定为法律服务年，为企业提供及时的法律服务，力求把金融危机的风险降低到最低限度，今后将主要做好以下几方面的工作：

1. 服务大局，强化责任，始终把服务经济社会发展作为审理案件、解决纠纷的出发点。

要加强政治理论学习，提高法官的政治素质，教育法官牢固树立在特殊时期服务全区经济和社会发展大局的意识，强化政治责任。要加强法律业务知识和其他专门知识的学习，深入研究金融危机引发的各类新类型的案件，分析新情况，把握新特点，拿出新方案，解决新问题，以适应新形势下经济社会发展对司法的新需求。对涉及面广、重大敏感或影响社会稳定的案件，不能就案办案，要及时向区委、人大汇报，争取党委、人大和政府的支持，确保案件法律效果、社会效果和政治效果的统一。

2. 多管齐下，化解矛盾，建立多元化处理矛盾纠纷的机制。

充分发挥人民调解委员会、行业协会、主管部门的作用，及时化解一批矛盾，将调解贯穿于解决纠纷的始终，探索一条多元化解决纠纷的新路子。建立由党委牵头、政府支持、各部门参与的解决纠纷的机制，共同开展矛盾纠纷的排查工作，重点对金融危机导致企业经营困难引发的矛盾纠纷、群体性事件及不稳定因素认真分析，研究制定应对措施，形成由党委领导的各有关部门分工负责的解决矛盾纠纷的工作机制。

3. 深入调研，摸清底数，制订解决纠纷的预案。

企业由于金融危机的影响出现了大量的新情况、新问题，同时也隐藏着大量的矛盾还未完全爆发出来，必须深入到企业中，采取座谈走访等多种形式调查了解企业现状、存在的问题，针对问题制订切实可行的解决问题预案，并建立与企业定期联系制度，随时掌握纠纷发生发展的情况，为企业提供及时的法律帮助，并为企业讲解在签订合同中应注意的事项、如何规范经营行为、如何规避法律风险、怎样用法律武器保护自己的合法权益等知识，防范可能遇到的各种风险。

4. 分类指导，快审快结，为企业创优发展环境。

对于进入诉讼阶段的案件要区分类型，分别指导，该快的则快，当慢的则慢，慎用查封、扣押、冻结手段，妥善保护债权人和债务人双方的利益，从服务发展大局、维护社会稳定、坚持司法为民出发，为创优发展环境行使好审判权。当前民商事审判工作主要应审理好几类重点案件：一是妥善审理企业破产、改制案件。债权人申请企业破产清算，对有发展前景、有挽救希望的企业，要加大调解力度，说服债权人理解支持，通过运用司法重组、和解、整顿等方式盘活企业，避免企业破产带来大量职工失业、银行债权落空，影响社会稳定。二是妥善审理劳动争议案件。对于因金融危机影响，企业经营困难、资金紧张而引起的拖欠职工工资、保险费及解除劳动合同等劳动争议案件，要从实际出发，既维护劳动者的合法权益，也要考虑企业的生存和发展。同时，要积极做好与劳动仲裁机构的信息沟通、业务协调，将仲裁前置程序与法院立案衔接，促使更多的劳动争议能够在仲裁阶段解决。对涉及劳动关系的案件应依法尽可能适用简易程序，实施立、审、执“一条龙”服务，最大限度缩短办案周期。三是要妥善审理合同案件。尤其对涉及一方当事人为减少因价格变动较大带来的巨额经济损失而拒绝履行合同的案件，不能搞一刀切，一概按违约处理，应按照情势变更，通过运用司法裁量权，公平合理确定当事人之间的责任。

2009年5月25日

本文刊登于《山西审判》2009年第9期、晋中市委《晋中信息》2009年增刊第12期、《晋中综治协会简报》2009年第15期、《晋中法院简报》2009年第9期、2009年6月5日《榆次时报》。

被山西省晋中市综治协会评为2009年度优秀调研文章。

多元化解决纠纷机制的探索和实践

为有效化解大量的民事纠纷，更好地构建社会主义和谐社会，适应新形势出现的新情况、新问题，在重视诉讼解决民事纠纷的基础上，更应该发挥诉讼外纠纷解决方式的作用，建立多元化的纠纷解决机制。多元化纠纷解决机制是在党委和政府的领导下，充分发挥人民调解委员会、行政主管部门、司法部门、行业协会、民间组织等部门的作用，以调解、仲裁、行政裁决和诉讼为主要形式，各有关部门分工负责、互相配合的及时化解矛盾纠纷的新机制。

一、建立与完善多元化纠纷解决机制的必要性

1. 矛盾纠纷的多样性。

随着改革的不断深入，市场经济的逐步建立，经济的多元化，社会利益格局的重新调整，人们法制意识不断增强，人生观、价值观发生了质的变化，精神和物质需求也向多元化发展，所以产生矛盾纠纷的因素增多，民事案件的类型增多，如股权转让纠纷、租赁合同纠纷、民间借贷纠纷、侵权纠纷、建筑承包转包合同纠纷、劳资纠纷、医疗纠纷、房地产纠纷、土地纠纷、供热纠纷等。

2. 矛盾纠纷的复杂性。

在计划经济向市场经济转型过程中，企业改制是经济体制改革的重点，企业改制过程漫长、不同步和改制的不彻底，造成企业经济主体和职工身份的复杂性，企业由国有、集体经营变为股份制企业，建立了现代企业制度，职工由公家人变为社会人，加之政府社会保障不到位，由此而产生的矛盾非常突出。作为农民赖以生存的生产资料——土地，由于国家的土地政策的改革和不断变化，农民对土地的依附程度也在不断变化，造成农村土地承包关系不稳定，发生各类型承包经营权纠纷，加之职能部门管理不到位、不规范，法院在审理此类纠纷时很难处理。

3. 矛盾纠纷处于多发期。

近年来，由于我国经济发展处于矛盾多发期，正如西方国家早些年经历过的“诉讼爆炸”时期，而这个阶段是任何发达国家都经历的不可逾越的阶段，那么，法院将面临的挑战可以说是前所未有的。2007年我区法院共受理各类民商事案件2346件，审结2267件；2008年受理各类民商事案件2282件，审结2247件；2009年受理各类民商事案件2348件，审结2233件，承担着全市五分之一的案件。

4. 法院诉讼解决纠纷的局限性和滞后性。

法院民事审判职能具有依法调节社会关系、化解社会矛盾纠纷、维护社会主义市场经济秩序、营造安定和谐的社会环境等职能，民事审判工作既是社会治安和社会政治的稳定器，也是促进榆次经济发展、保证经济秩序正常稳定运转的加速器。但诉讼是解决矛盾纠纷的最后手段，而且程序严格、时间跨度大、周期比较长、费用比较高、风险比较大，这些特点是世界各国法院都存在的。再者有些法律关系没有相关法律调整，出现法律上的空白，因此有很大的局限性和滞后性。原来单一的审判制度和单一的纠纷解决方式，与当前日益复杂的审判实践已经严重脱节，如果我们硬要把所有案件不加区别，适用一种程序或者一种解决方式，势必造成现有司法资源的巨大浪费和不堪重负。

二、多元化纠纷解决机制在构建和谐社会中发挥的作用

1. 基层人民调解组织是构建和谐社会的“第一道防线”。

《人民调解委员会组织条例》第二条规定：人民调解委员会是村民委员会和居民委员会下设的调解民间纠纷的群众性组织，在基层人民政府和基层人民法院指导下工作。基层人民调解组织有贴近群众、程序简便、及时、不收费、风险小的特点。2007年全区各级调解组织共调处各类矛盾纠纷1472起，调解成功1450起；2008年共调处各类矛盾纠纷1498起，调解成功1469起；2009年共调处各类矛盾纠纷1880起，调解成功1762起，及时把矛盾化解在基层，消灭在萌芽状态。如某乡某村村民于2003年将承包的集体土地6亩交回村委，去年三番五次找村委要求收回自己的土地，并去省信访局多次上访，乡党委和政府非常重视，责成由乡司法所牵头，信访办、土地办参与的联合调解队伍，耐心细致地讲解有关法律法规，以理服人，以情感人，终于达成协议，平息了一场上访风波。

2. 政府各部门是构建和谐社会不可或缺的中坚力量。

行政机关解决纠纷具有事前指导、预防，解决纠纷快速、便捷，有足够的专业知识，能充分结合实际情况和利用自己管理方面的优势，提出使双方容易接受的解决方案的特点。近年来，政府各部门在化解矛盾纠纷中发挥了不可低估的作用。区公安局充分发挥行政调解的职能，2007年共受理各类行政案件1363件，其中违反治安管理的案件1134件，调解处理379件；2008年受理各类行政案件1197件，其中违反治安管理的案件1134件，调解处理640件；2009年受理各类行政案件2213件，其中违反治安管理的案件1993件，调解处理669件，将矛盾纠纷在发生的第一时间内及时化解。仲裁有程序简便、节省时间、专业性强的特点，2007年劳动局的劳动仲裁委员会受理劳动

争议案件41件，其中调解处理的18件，仲裁裁决的17件；2008年受理劳动争议案件92件，其中调解处理的14件，仲裁裁决的41件；2009受理劳动争议案件64件，其中调解处理的29件，仲裁裁决的27件，维护了企业和职工双方的合法权益。工商局消费者协会快速处理消费者投诉的案件，2008年共接待各类投诉举报1108起，调解成功1052起，为消费者挽回经济损失127万余元，为消费者营造了安全、放心、可靠的消费环境。

3. 司法调解是构建和谐社会的“最后一道防线”。

民事案件的司法调解是具有中国特色的调解制度的重要组成部分。在审理民事案件中，将调解贯穿于诉讼活动的全过程，2007年区法院共调解民商事案件796件，2008年调解民商事案件942件，2009年调解民商事案件1017件。如一个建筑公司诉某企业因施工纠纷扣留的机具返还案，因担心会引起企业职工与建筑公司矛盾激化，判决也不利于问题的处理，我们请企业经理来法院做了细致的工作，讲清法理、说明道理，最后双方协商解决。其次是配合部门联手调解。有些案件所在单位了解情况，知道案件的症结在哪里，有利于问题的处理。比如人数较多的共同诉讼的案件、劳动争议的案件、涉农涉地的案件、被告是政府或是政府各部门的案件，可能引起群体性上访或对抗性强的案件，提前向政府请示沟通，调动各部门的力量做调解工作，做好诉讼外调解，减少不必要的上访。三是取得区委的支持，协调处理矛盾较大的案件。某乡某村郑某诉该村委违法拆除房屋，要求恢复原状，法院受理案件后动员其变更诉求，已拆除房屋无法恢复，建议其变更为赔偿请求，当事人非常固执，不变更诉求，我们向政法委请示报告此案，后经政法委多次协调，乡党委做了非常细致的工作，双方达成调解协议，达到了案结事了的效果。

三、措施

1. 建立公、检、法三家联动解决纠纷的机制。

对于社会影响大、人民群众关注的热点、难点问题的案件，对于影响企业经营活动的案件，对于因邻里纠纷造成的轻微伤、轻伤害案件，对于涉及影响农村稳定和制约经济发展问题的案件，要从区委的大局出发，既要注重法律效果，又要注重社会效果，由政法委协调公、检、法三家共同会诊、共同研究、共同解决。同时要健全重大案件报告制度、定期汇报制度以及公、检、法三家联席会议制度，及时化解各类矛盾纠纷，真正为我区的经济发展和社会稳定提供优质的法律服务。

2. 建立以法院为主、三调联动的大调解格局，实现人民调解、行政调解和司法调解有效对接。

一是立案庭对将受理的案件建立科学合理的分流机制。对于案情简单、标的小的案件分流到基层调委会解决；对于轻微的伤害案，到所在基层派出所调解解决，在一个月内调解不了到法院正式起诉，使纠纷解决资源得到合理配置。二是要加强对基层调解组织的指导。组织开展法律知识培训、典型案例分析、专题研究、旁听庭审、参与诉讼调解等行之有效的业务指导活动，提高调解人员的法制意识、政策水平和分析解决问题的能力，提高调解矛盾纠纷的水平。三是要健全三调联动衔接机制。建立诉讼调解和人民调解、行政调解相衔接的工作制度，完善调解信息交流的工作机制，充分发挥三调联动的大调解机制的作用。

3. 建立党委和政府领导下各部门参与的多元化解决纠纷的新机制。

建立三支解决纠纷的队伍，一是建立由政法委矛盾纠纷排查办公室领导、各乡镇街道矛盾纠纷排查办公室参与的矛盾纠纷排查系统，及时报告所属辖区的矛盾纠纷的新情况、新问题，及时掌握矛盾纠纷的发生、发展的新动向。二是建立在党委和政府的领导下，政法委、综治办、信访局、司法局、各乡镇街道司法所参与的矛盾纠纷解决系统，定期召开化解矛盾纠纷工作例会，对农村土地承包纠纷等涉农问题及时解决，为我区的农村社会治安的稳定创造良好的环境。三是建立政府领导下的、各职能部门参与解决企业问题的矛盾纠纷解决系统，对企业改制方面、劳动争议等问题各部门分工负责，互相配合，及时化解制约企业发展的各种矛盾纠纷，为我区的经济发展提供强有力的保障。

2009年7月21日

本文刊登于山西省高院《调研专刊》2009年第5期、《晋中审判》2010年第1期、《晋中法院简报》2009年第18期、2009年12月25日《榆次时报》。

获2009年度山西省晋中市首届法治论坛论文三等奖、山西省晋中市第三次社会科学研究优秀成果三等奖。

民事案件转化为刑事案件的现状、原因及对策

“民转刑”案件是当前社会治安中常发、易发的案件，预防和减少这类案件的发生是一项社会工程，需要各部门分工负责、互相配合、协同作战，逐步探索行之有效的防止“民转刑”案件发生的工作思路和工作方法，努力为构建和谐社会服务，逐步消除“民转刑”案件的发生。前段晋中市综治协会对榆次区近三年的“民转刑”情况进行了专题调研，我作为榆次区综治协会的会员就民事案件转化为刑事案件的现状、原因及对策谈谈个人的看法：

一、“民转刑”案件的现状和类型

从榆次区人民法院近三年审理的“民转刑”案件看，民事庭受理的民事案件没有转化为刑事案件，刑事庭审理的“民转刑”案件数呈下降趋势。据榆次区人民法院案件统计数字显示，2007年审理“民转刑”案件106件（其中，故意伤害案69件，农民57人；非法拘禁案10件，农民8人；故意杀人未遂案3件，农民2人；自诉案24件，农民11人），占全年刑事案件总数的30%；2008年审理“民转刑”案件64件（其中，故意伤害案56件，农民44人；非法拘禁案7件，农民4人；故意杀人案1件，农民1人），占全年刑事

案件总数的19%；2009年审理“民转刑”案件59件（其中，故意伤害案52件，农民50人；非法拘禁案6件，农民7人；故意杀人案1件，农民1人），占刑事案件总数的40%。从“民转刑”案件发生的情况看，有以下几种类型：

1. 因债务纠纷转化为刑事案件。

故意伤害案、故意杀人案、非法拘禁案中有一部分案件就是因欠款不还而引发的刑事案件，债权人为讨回债务无视法律，将债务人非法拘禁甚至大打出手，致债务人重伤或死亡构成刑事犯罪。如，被告刘某与赵某向杨某索要欠款未果，将其殴打成重伤，构成七级伤残，刘赵二人各赔偿被害人经济损失6万元，并被判处有期徒刑。

2. 因婚姻家庭纠纷转化为刑事案件。

家庭是社会的细胞，家庭的稳定是社会稳定的基础。由于人们的人生观、价值观、婚姻家庭观的不同，往往因家庭矛盾、感情纠葛引发纵火案件、伤害案件、杀人案件等刑事犯罪，影响社会治安的稳定。如，住榆次区的王某与妻子离婚不成，到妻子的书店闹事，并将汽油倒到自己身上，放火未遂，被判处有期徒刑。

3. 因农村干群矛盾转化为刑事案件。

我国进入全面建设小康社会以来，随着基层民主建设进程的逐步推进，基层村委进行民主选举，农村土地政策不断改革，农民对土地依赖程度产生变化，因此而带来形形色色的矛盾，有时就会引发干群矛盾。如，某村民由于对新选举产生的村委班子不满意，借小事找村长闹事，双方滚打在一起，结果该村民受到轻伤，村干部受到刑事处分。

4. 因生活琐事转化为刑事案件。

在日常生活中，人们往往因生活小事不能互谅互让，产生相邻权纠纷，农村浇水、争地、争农具纠纷，宅基地、通道、采光纠纷，更有甚者区区小事就拳脚相加。如，住榆次区的尹某在银行存钱没排队，被保安制止，被告尹某不服，殴打保安，构成十级伤残，被判处有期徒刑。

5. 因经济纠纷转化为刑事案件。

随着经济生活的繁荣、发展，人们之间的经济往来不断增多，风险不断加大，稍有不慎即造成经济纠纷，如行业之间的竞争、买卖合同纠纷等，有些人遇到此类事情不通过正当渠道处理，容易头脑发热，出现一些不理智的举动，普通经济纠纷反而酿成恶性事件。

二、“民转刑”案件产生的原因

榆次的“民转刑”案件近三年呈整体下降趋势，但农村仍呈高发态势，发生在农村或农村人口发生的“民转刑”案件占到绝大多数。究其原因，有以下几方面：

1. 道德教育的缺失。

随着经济改革的不断深入，经济的迅猛发展，出现了经济和文化的不协调发展，特别是忽视了人的自身建设。学校注重教育质量的提高和教育制度的改革，注重知识方面的教育，忽视了做人方面的教育，人与人之间的诚信少了，尔虞我诈多了。家庭教育与学校教育出现脱节现象，许多家长完全依赖学校的共性教育，忽视了对孩子的家庭个性教育和道德方面的教育。再加上文化领域的一些无序混乱状态，社会环境无法全面净化，网络体系带来的负效应对下一代的影响很大，是导致“民转刑”案件发生的不可忽视的因素。

2. 法制教育的不同步。

从近三年的“民转刑”案件看，被告是文化素质低和农村人口占绝大多数，而普法教育的重点是学校、机关、厂矿企业等，对农村、农民普及法律知识相对滞后，他们的文化水平低，接受法律知识的能力差，认识问题和处理问题的能力差，即使发生矛盾，寻求法律渠道处理的也很少，所以不懂法律、无视法律，从而践踏法律，最终受到法律的惩罚。而发生问题之后，当事人用法律武器保护自己的能力也很差。还有的“民转刑”案件是因受害人的过错而引发的，有的受害人得理不让人，胡搅蛮缠，往往使小矛盾激化成了大矛盾，进而导致故意伤害案件的发生。

3. 突发性预警机制不健全。

各单位、各部门对突发性事件应急预案的制订没有真正重视起来，即使制订了应急预案，运行机制也不健全，不能第一时间到达事件发生地。同时，信息渠道不畅通，不能第一时间上报有关单位，致使小矛盾激化，酿成大事件。还有的单位和部门管理、指导不力，一把手没有真正负起责任来，保一方平安的意识差，做不到管好自己的人、看好自己的门，在任期间屡屡出事，更有甚者成为事件的当事人，把自己置身于矛盾之中无法脱身，更谈不上处理问题。

三、几点建议

1. 畅通信息渠道，排查化解矛盾纠纷。

各单位、各部门一把手要切实负起第一责任人的责任，建立和完善区、乡镇（办事处）、村（社区）、组四级情报信息网络，认真组织排查化解本单位、本部门存在的矛盾纠纷，并严格实行责任追究制和矛盾纠纷报告制，把排查化解任务落实到具体责任人，明确任务，做到事事有人管，件件有着落。对因排查工作不到位，或排查出的矛盾纠纷未能彻底解决，导致矛盾激化，引发“民转刑”恶性案件的，追究有关人员的责任。

2. 加强法制宣传，提高公民的法律意识。

普法教育是依法治国的基础，公民学法、守法、用法是实现依法治国的途径，必须在全民范围内采取多种形式的普法教育，特别是在农村加大普法教育的力度，重点加强对青少年的法制教育，增强他们的法制观念和安全防范意识，减少突发性刑事案件发生。教育部门应将法制课作为必修课，让学生从小树立正确的价值观和法律道德观，提高其认识问题、判断问题和处理问题的能力。妇联要加强对母亲和女孩子的法制教育，因为母亲是教育子女的第一任老师，女孩子是未来的母亲，对她们的教育是从根本上提高全民法律文化素质的有效途径。

3. 健全基层调解组织，发挥第一道防线的作用。

《人民调解委员会组织条例》第二条规定：人民调解委员会是村民委员会和居民委员会下设的调解民间纠纷的群众性组织，在基层人民政府和基层人民法院指导下进行工作。自从村级组织取消了“三提五统”后，调解员的报酬无法解决，有的村委调解委员会有名无实，不发挥作用，因此基层人民政府和基层人民法院要加强对基层调解组织的指导，设法解决他们的报酬问题，充分发挥基层调解组织的基层性、自治性的优势，在村民间发生矛盾纠纷时及早进行调处，使矛盾纠纷在“升级”前得到及时解决，避免恶性案件的发生。

4. 警力前移，完善基层防范网络。

确立以公安机关为主力的点、线、面全方位的治安防控体系，公安机关应将有效警力充实到基层，警力下沉，充分发挥社区民警的作用，加强本辖区的巡逻。同时，利用红外线、电子监控等高科技防范措施加强对重点单位、重点区域、重点部位的防控。除此之外，流动派出所、夜间110巡逻车对全市进行全面、全天的巡逻，决不留死角，有效地预防刑事犯罪，减少“民转刑”案件的发生。

5. 注重调解，有效化解矛盾。

法院要适用“宽严相济”的刑事政策，对杀人、伤害、放火等严重侵害公民人身、财产的犯罪案件，坚持从重从快处理，积极做好刑事附带民事案件的调解工作，有效地保护被害人的权利。对轻微的人身损害等刑事案件和民事案件应耐心细致地进行调解，采取教育和惩罚相结合的原则，并针对存在的问题和漏洞，向有关部门提出司法建议，实行专项治理，最大限度地把“民转刑”案件的发生降到最低限度。

6. 加快农村城市化建设的步伐。

最大范围地缩小城乡差别，增强农村文化教育设施的建设，让更多人享受较好的文化教育公共资源，对于偏远山区、交通不便地区的村民有计划地整体迁移，减少中间环节，直接搬迁到城市接受先进的文化教育，从根本上改变农村落后的传统的文化、法律观念，提高全民的整体素质，逐渐消除“民转刑”案件的发生。

2009 年 11 月 5 日

本文刊登于 2009 年 12 月 15 日《山西法院网》“法官论坛”栏目、山西省高院《调研专刊》2010 年第 4 期、山西省高院 2010 年 5 月 18 日《生活晨报 · 法制周刊》、《晋中综治协会简报》2009 年第 27 期、《晋中法院简报》2009 年第 30 期、2010 年 1 月 8 日《榆次时报》。

被山西省晋中市综治协会评为 2009 年度优秀调研文章。

充分发挥司法的能动性
为实现低碳经济提供法律服务和法制保障

低碳经济是以低消耗、低污染、低排放为基础的经济发展模式，是人类社会继农业文明、工业文明之后的又一次重大进步，发展低碳经济是世界潮流，是一项复杂的社会系统工程，实现由高碳经济向低碳经济的转型是我国长期而艰巨的任务，必须尽快采取积极有效措施转变经济发展模式，制定各项切实可行的保障低碳经济正常发展的适合中国国情的各项法律法规，充分发挥司法的能动性，有力推动低碳经济法制建设的步伐，逐步建立科学的、有效的、有法制保证的低碳经济发展模式。

一、低碳经济必须有法制先行的重要意义

1. 低碳经济是我国经济发展模式的必然选择。

纵观世界各国由高碳经济向低碳经济转型的历史过程，可以更加深刻地理解政策与法制在低碳经济发展中的支撑作用。2003年，英国政府在其能源白皮书中首次提出低碳经济，把发展低碳经济置于国家战略的高度。2008年英国政府颁布实施了《气候变化法案》，这使英国成为世界上第一个为减少温室气体排放、适应气候变化而建立具有法律约束性长期框架的国家。美国参

议院于2007年7月提出《低碳经济法案》，奥巴马政府的新政也旨在开发新能源、提高能源技术、发展低碳经济，宣布从2012年起将对美国的排污、排放收费，同时大力开发包括风能、太阳能在内的可再生资源，并投入巨资进行新能源技术的研发。德国政府则提出实施气候保护的高技术战略，先后出台了五期能源研究计划，为“高技术战略”提供巨额资金支持。澳大利亚政府于2008年7月发布了《减少碳排放计划》政策绿皮书，具体设定了碳排放企业的排放上限，并实施碳排放交易制度。2008年6月，日本政府提出新的防止全球气候变暖的对策，即著名的“福田蓝图”，这是日本低碳战略形成的正式标志。同年7月26日，日本内阁会议通过“实现低碳社会行动计划”，一场影响深远的低碳革命就此拉开帷幕。

中国是世界瞩目的发展中大国，低碳经济的发展事关我国经济发展全局和人民群众的根本利益，我国作为高度负责的国家已经采取了一系列强有力的政策措施与行动。2007年，国家主席胡锦涛在出席亚太经合组织（APEC）会议时明确主张发展低碳经济，并提出促进低碳经济发展的若干设想。在2009年9月召开的联合国气候变化峰会开幕式上，国家主席胡锦涛再次表示，中国将进一步把应对气候变化纳入经济社会发展规划。在前不久由温家宝总理主持召开的国务院常务会议上，正式确定我国到2020年控制温室气体排放的行动目标，即2020年我国单位国内生产总值二氧化碳排放比2005年下降40%至45%，作为约束性指标纳入国民经济和社会发展的中长期规划，并制定相应的国内统计、检测、考核办法。

总之，世界各国都在积极探索和实践低碳经济的实现形式，中国在没有摆脱传统的发展模式的今天，人们更加关注呼吸新鲜空气，喝上干净的水，吃上放心的食物，发展阶段的不同、国情的不同，决定了中国走低碳经济之路既要注重可持续经济发展方式，又要注重法律法规的制定，扎扎实实往前走，不能一蹴而就。

2. 能动司法是法院服务经济社会的必然选择。

能动司法是人民法院立足司法职能，遵循司法基本规律，积极主动拓展司法功能，最大限度地发挥司法的主观能动性，最大限度地实现司法的法律价值、社会价值、政治价值的司法活动。最高人民法院院长王胜俊指出："能动司法是新形势下人民法院服务经济社会发展大局的必然选择。"王胜俊院长的重要讲话，对一直以来理论界和实务界争议不断的司法能动性问题给予了肯定回答，统一了对能动司法的认识，指明了能动司法的工作方向。

20世纪50年代以来，司法能动主义在美国出现，并且作为一种司法方法趋于成熟。在我国，2001年12月通过的最高人民法院《关于民事诉讼证据的若干规定》从多角度肯定了法官在举证责任分配、证据的审查判断、非法证据的排除、证明标准等方面的自由裁量权，从一定程度上彰显了司法的能动性特征。坚持能动司法，关键是要增强服务司法、积极司法的理念，通过严格公正执法营造良好的法治环境，通过发挥职能作用自觉为经济社会发展服务，树立能动司法的理念是司法体制改革的重要方面，能动司法是人民法院为大局服务、为人民司法的时代要求。能动司法不等同于随意司法，必须要严格按照法律规定来认定事实和适用法律，能动司法只能在现行法律框架内发挥作用。

3. 能动司法在实现低碳经济中的作用。

由于我国在促进低碳经济发展方面的政策法律体系处于薄弱的状态，有关低碳经济方面的立法在体系上不完善，这就给能动司法留下了足够的空间和舞台。如石油、天然气、原子能等主要领域的能源单行法律缺位，同时也缺少能源公用事业法，直接导致能源与环境协调领域的法规不够全面。其次，由于我国法制建设中"易粗不易细"的传统，现有的能源立法规定不够详细，缺乏足够的操作性，这也是导致我国目前环境执法（包括能源领域）效果不佳、环保状况不能得到根本改善的重要原因。另外，法律、规划规定的执行措施虽然也涉及税收优惠、补贴等奖励手段来激励公众与企业自愿实行有利于低碳经济发展的行为，但是却没有具体细化的奖励手段与程序，导致在现实中不能产生广泛的影响。因此，为了加快低碳经济的发展，完善与低碳经济发展相关的政策法律体系，必须能动地为低碳经济的发展提供法律制度上的保障。

二、树立能动司法的理念，为低碳经济发展提供积极的法律服务

（一）正确认识能动司法与被动司法的关系

王胜俊院长强调要增强司法能动的自觉性、前瞻性、针对性、有序性、规范性。过去认为司法的基本特征是消极性和被动性，主要是相对行政机关和立法机关而言。能动司法在一定意义上包含着主动司法，也就是说，人民法院从事司法活动，应当遵守司法权的被动性，坚持“不告不理”的原则，不能主动制定政策，不能主动去规范社会，不能造法，只能被动执行法律。但是，司法能动性与司法被动性并不矛盾，司法的被动性属于制度范畴，而司法的能动性属于司法方法。司法能动性是法院受理案件之后法官在司法过程中秉承一定的法律价值，遵循一定的法律规则，并充分运用司法经验，创造性地适用法律，从而理性地对案件的事实问题和法律问题作出判断。因此，既不能以司法被动性为由，坐堂问案、机械司法，也不能以司法能动性为由，忽视当事人独立的诉讼地位，突破司法审查和裁判范围。换句话说，法院在审判中不断改革审判方式、创新工作机制就是能动司法的范畴。

（二）延伸审判职能，能动地为低碳经济发展服务

1. 深入调查研究，增强司法的预防功能。

司法调研工作，是人民法院坚持能动司法，依法服务党和国家工作大局的一项重要的基础性工作。通过调查研究及时发现影响低碳经济发展的突出问题，掌握新情况、新问题，对阻碍低碳经济发展的法律法规要及时提出对

策和建议，弥补现行法律对实现低碳经济的影响，增强能动司法的预见性和前瞻性。除此之外，最高人民法院和山西省高院可通过调研出台司法解释和指导意见，减少法律对低碳经济的障碍，弥补法律的不足。

2. 提出司法建议，增强司法的指导功能。

司法建议是我国人民司法工作创制出的一项重要制度，在长期的审判实践中发挥过积极的作用，是社会主义能动司法理念的重要体现。如法院在开展审判活动中，发现影响低碳经济发展的具有普遍性、全局性的问题，向政府有关单位发出司法建议，并促使该司法建议真正引起各单位的重视，制定出有利于低碳经济发展的相关政策，引导低碳经济向规范化发展，增强能动司法的针对性和有序性。

3. 宣传法律法规，强化司法的宣传功能。

能动司法不只是法官在案件裁判中能动地解释应用法律，还应包括面向社会的法制宣传功能。自从司法局承担起法制宣传的任务后，法院逐渐削弱了自身的宣传功能。今后法院要利用媒体等各种形式加强低碳经济法律法规的宣传，同时要注重总结污染环境等影响低碳经济发展的典型案例，并在一定范围公开宣传，形成有利于大局的社会导向，起到化解这类矛盾的作用，减少污染环境等诉讼案件的发生。同时建立宣传法院服务大局、服务低碳经济的宣传窗口，营造良好的法制舆论氛围，增强能动司法的自觉性和规范性。

4. 提供法律服务，强化法院的服务功能。

法院积极开展“法律进企业”活动，组织法官在企业开展低碳经济法律知识讲座，积极提供法律咨询，发放法律宣传资料，建立法官与企业联系制度和定期服务制度，并引导企业在技术改造中引进低碳技术项目。为了防患于未然，编印与企业相关的防范经营风险知识手册和案例选编，为企业成功防范经营风险、实现低碳经济提供强有力的法律帮助。同时，在民事审判中要缩短涉企案件审理、执行期限，为企业向低碳经济的转变提供法制保障，增强能动司法的防范性和引导性。

三、加快法制建设步伐，为低碳经济发展提供强有力的保证

目前，我国在有关低碳经济的开发利用领域已经制定了《煤炭法》、《电力法》、《节约能源法》、《可再生能源法》、《清洁生产促进法》、《循环经济促进法》等法律，其中《可再生能源法》、《清洁生产促进法》、《循环经济促进法》的出台与实施，从节能减排、提高能源资源利用效率、大力发展新能源和可再生能源方面对低碳经济发展具有突出的作用。另外，我国还积极制定并实施了减缓气候变化的《节能中长期规划》、《可再生能源中长期发展规划》、《核电中长期发展规划》、《中国应对气候变化科技专项行动》、《节能减排综合性工作方案》、《节能减排全民行动实施方案》、《2000—2015年新能源与可再生能源产业发展规划要点》、《新能源与可再生能源产业发展“十五”规划》、《能源发展“十一五”规划》、《中国应对气候变化的政策行动》等规划与政策。今后要充分发挥能动司法的作用，为实现低碳经济制定相关的法律政策，推动低碳经济的规范化进程。为此，应做好以下几方面的工作：

一是加大对低耗特征的第三产业和高新技术产业、节能和低碳技术的研发、推广和技术创新奖励制度和政策的制定。

二是加快技术改造的速度和机器设备折旧方面的制度和政策的制定，快速淘汰使用年限长的高碳技术机器设备。

三是加紧调整能源消费产业结构比重方面的制度和政策的制定。用法律调整居民对能源消费的结构，制定调整考评办法，分别计算高碳经济和低碳经济，改变能源型经济的占比，在资金投入政策上对低碳经济的项目予以倾斜，鼓励可再生能源的开发和利用，提倡低碳生活模式。

四是开展低碳经济法律法规方面的研究工作，加大低碳经济法律法规的

宣传力度，培育全民低碳意识。

五是将节能减排的任务指标量化并分解到各个市县，根据各市县现有的区域发展状况，尽快着手制定切实可行的、操作性强的短期、中期、长期强制性标准及相应的评价指标体系，并用法律形式固定下来。

六是健全市场经济道德体系，建立低碳经济信息披露制度和举报制度，对企业展开全面的监督和舆论指导，强化企业家的责任和企业的社会责任，引导企业逐步在公众中树立良好的低碳经济形象，促进低碳经济的发展。

七是实施以目标责任制为主要形式的低碳经济统计、监测、评价和考核体系。同时，将发展低碳经济列入政府相关部门的干部政绩考核体系和用人管理机制中。

2010年4月30日

本文刊登于《山西审判》2010年第12期、《晋中综治》2010年总期第7期。

被山西省晋中市综治协会评为2010年度优秀论文。

推进三项重点工作 服务转型跨越发展

今年是实施“十一五”规划的最后一年，是描绘山西转型发展、跨越发展蓝图，规划“十二五”的关键年。7月29日召开的全省领导干部大会是关乎我省如何实现跨越发展的重要会议，省委袁纯清书记的讲话将山西的发展置于全球、全国的大背景下进行科学考量、战略定位，抓准了山西发展的核心问题，明确了全省的发展方向、工作思路和发展重点。榆次区作为太原大都市圈的核心区，务求全区上下团结一致，转变工作思路，确立发展目标，开拓创新，奋力赶超，实现榆次腾飞。作为法院来说，如何为转型发展、跨越发展服务，如何为经济发展创造和谐的社会环境，是当前和今后一段时期法院工作的重中之重，必须充分发挥司法的能动作用，延伸审判职能，为转型发展、跨越发展保驾护航。

法院始终坚持“三个至上”的指导思想，树立为大局服务、为人民司法的法治理念，深入推进社会矛盾化解、社会管理创新、公正廉洁执法三项重点工作的建设，始终抓住依法办案这个主线，深化司法体制和工作机制的改革，促进人民法院各项工作的科学发展，推动人民法院的审判和执行工作为我区转型跨越发展服务。

一、解放思想，强化进取意识，为实现转型跨越发展提供强有力的思想保证

政治路线确定之后，干部就是决定因素。省委袁纯清书记讲道："实现发展转型，关键是干部的转型；干部的转型，首先是思想的转型。""思想有多远，发展就有多远。"榆次从表面看是发展速度和程度的差距，究其根源还是思想上的差距，加快榆次转型发展、跨越发展绝不能站在榆次看榆次，必须在发展理念、发展速度、发展模式上不停歇地解放思想。作为法院来说，必须以新的视角、新的法制理念从全国经济发展的大背景下重新审视自身的位置，彻底根除多年的计划经济模式的影响，法官必须从过去形成的审判思维定式中走出来，抓住省委号召的思想大解放的机遇，借这次跨越发展东风，创新思想观念，改进思维方式，改变工作方法，大胆改革不适应经济发展的审判方式。

首先，加强政治理论和业务知识的学习。组织法官认真学习党的路线、方针、政策和省委袁纯清书记的讲话精神，认清当前的国际国内形势，把握正确的政治方向，准确定位，将思想统一到为实现跨越发展服务上来，并贯彻到审判实践的方方面面。同时加强新审判理念、新知识和新业务的学习，与时俱进，提高审判业务技能，增强为实现跨越发展服务的本领。

其次，采取"走出去，请进来"的办法。带着如何为实现跨越发展服务的问题外出学习考察，学习先进地区和兄弟法院好的做法，聘请上级法院的领导和法学方面的专家进行专题讲座，引进先进的审判思维方法，更新法官的观念，大胆改革，开拓进取，为实现跨越发展奠定思想和理论基础。

第三，学会多视角观察问题、多方面分析问题，综合经济发展的各种因素，多种方法解决问题。从单一的审判模式中解放出来，改变过去就案办案的思维方式，要有战略眼光，站得高一点，看得远一点，想得宽一点，从国

情、省情、市情、民情出发，从我区跨越发展的大局出发，全方位、多角度、多层次为创业、创新、创造提供法律方面的服务和法制保障。

二、化解矛盾，强化调解功能，为实现转型跨越发展提供和谐的社会环境

社会矛盾化解是人民法院贯穿于审判实践始终的一项主要职能。法院的最终目的就是通过打击犯罪和调节社会关系的两个职能化解社会矛盾，保护人民群众的合法利益，维护正常的经济秩序，减少对抗性和非对抗性的矛盾，为经济建设创造良好的社会治安环境。

首先，严厉打击严重刑事犯罪，化解影响社会治安秩序的突出矛盾。刑事审判工作要严厉打击杀人、抢劫、抢夺、盗窃、重伤等伤人和侵财犯罪，重点打击影响农村治安秩序的犯罪，农村的稳定是全社会的稳定，农村的发展就是全社会的发展，市域城镇化主要是农村人口和劳动力向城镇转移，由此带来的社会秩序的稳定方面的问题法院要积极应对，认真研究影响社会治安环境的各种因素，为政府提供及时准确的决策依据，建立长效的治安防控体系，最大范围化解可能发生的各种社会矛盾。

其次，打击经济领域刑事犯罪，化解经济发展中的各种矛盾纠纷。法院要严厉打击严重影响市场经济秩序的违法行为，打击影响基础设施建设的各种犯罪和工程建设中的腐败行为，特别是打击影响项目落地、项目工程建设的犯罪，杜绝影响经济发展的各种犯罪的发生，同时加强对市场经济秩序的法律保护，为项目建设提供强有力的法制保证，为实现跨越发展扫清障碍。

第三，强化法院的调解职能，化解民事案件当事人的矛盾。民事审判工作始终坚持调解优先、调判结合的原则，由于社会矛盾的多样性和复杂性，法院调解民事案件必须依靠多元化纠纷解决机制化解矛盾。一是建立重大案件报告制度。对于影响社会稳定和社会发展的重大案件及时向政法委报告，

建立定期汇报制度，重大案情共同会诊、共同研究、共同解决各类矛盾纠纷。二是建立以法院为主、三调联动的大调解格局，实现人民调解、行政调解和司法调解有效对接，使纠纷解决资源得到合理配置。三是积极参与党委和政府领导下的各部门解决纠纷的机制，分工负责，互相配合，及时化解制约企业发展的各种矛盾纠纷，加大对创业、创造、创新的法律保护和服务力度。

三、创新管理，强化审判职能，为实现转型跨越发展提供高效的司法环境

社会管理创新必须树立一个能动司法的理念，延伸审判职能，加强“四化”管理，在审判中不断改革审判方式，创新工作机制，主动地为转型发展、跨越发展服务。

1. 审判管理规范化。

在强化审判管理中，建立高效科学的审判管理机制，为转型发展、跨越发展提供司法保障。

一是建立为项目、企业服务机制。民事庭要深入企业、厂矿讲解如何防范法律风险，对影响跨越发展存在的问题进行专题调研，研究影响发展的新情况、新问题，并参与引进项目的考察、可行性研究，发现有法律障碍的及时提出对策和司法建议，为转型跨越发展把好法律脉。

二是建立快速办案机制。对涉及引资引项或者辖区企业在发展经济中发生的民商事案件设立专门绿色通道，法院成立服务跨越发展领导组，负责案件协调工作，设立专门法庭，由责任心强、业务素质精、作风过硬、有政治敏锐性的法官办理，实行有关经济项目的案件快速立案通道、快速审理、快速执行的一条龙服务。

三是建立案件电子监督系统。立案庭实行当事人随机抽法官的制度，领导组成员随时跟踪案件的审理过程，在保证案件质量的基础上快速结案，同

时定期通报案件质量监察情况，并建立临近审限警示、延期审理审批、超审限通报制度，严把案件的每个环节，保证案件审理过程的程序公正和实体公正。

2. 审判考核科学化。

制定审判质量效率考核实施办法，把若干指标分解量化为对法官进行年度考核的目标责任制（百分考核责任制），将考核结果与年终奖惩及审判员的评先、晋级、晋职挂钩，并层层分解，分级负责，责任到人，做到人人有职有责。同时，建立审判信息平台，通过对各项指标的考核分析，总结审判中存在的问题，制订出切合实际的改进方案，为深化审判方式改革奠定科学基础，逐渐杜绝不公正的裁判。

3. 司法裁判公开化。

为了深化审判方式的改革，增强案件审理的透明度和说理性，按照最高人民法院“六个公开”的要求，在落实立案、庭审、宣判三个阶段公开的基础上，建立公开查询案件进度的制度，方便当事人了解案件进展情况，逐步探索将裁判文书在网上或者报刊上公开，也就是说有步骤、有计划地在适当的时候、以适当的方式、在适当的范围公开裁判文书。特别是将可以化解社会矛盾的精品裁判文书公开，将能在社会上起到罢访息诉和对社会关系起正确导向作用的裁判文书公开。

其次是建立人大代表、政协委员旁听案件制度和经常联系制度，了解民意，倾听人民群众的呼声，建立司法和民意沟通的桥梁。在基层法院全面推行“陪审团”参与定案制度，共同参与疑难复杂、影响大的案件审理全过程，增进案件审判过程的公开和案件审判结果的公正。

4. 执行工作专业化。

执行工作是法院工作的一道难题，解决执行难、创新执行方式是法院永恒的主题。

一是要把去年执行积案专项活动的经验成果全面推广，将执行积案的工作方法制度化、规范化，并结合最高人民法院关于限制被执行人高消费的办法，制定全面进行司法财产线索调查制度，做到调查手段专业化，并成立专门的司法调查机构。

二是与相关部门联合建立被执行人财产信息共享平台，并将被执行人财产信息网络化，和银行的信用制度、司法部门的违法犯罪等不良记录结合起来，形成全社会关注被执行财产的态势，在专门的物权登记制度不健全的情况下意义重大。

三是执行队伍专业化。建立市、区、乡镇（社区）各部门参与，上下联动、协同作战的队伍，乡镇（社区）设立配合执行的信息员，统一培训，随时报告被执行人的财产信息，将财产线索调查工作落到实处。

四、公正执法，强化监督职能，为转型跨越发展提供权威的司法环境

坚持公正廉洁执法，维护公平正义，是法院工作的生命线，每个具体案件的公正，法官必须从一言一行做起，做到言忠信，行笃敬，于细微处见公正、树公信。最高人民法院王胜俊院长强调指出："要加强微观层面的案件评查。"小节问题很容易造成结果的偏差，进而发展成上诉、申诉和信访，影响司法的权威和公信度。因此，法院必须规范司法行为，改进司法作风，提高办案质量和执法水平，自觉接受来自各方面的监督，公正执法，不断提高司法公信力。

一是加强法院系统内部的监督机制，提高自我纠错能力。上级法院对下级法院上诉、申诉案件认真分析存在的问题和产生的原因，总结经验，定期召开基层法院分管院长例会通报存在问题，随时指导下级法院的审判工作。对下级法院办结的案件每年度进行抽查，发现问题及时纠正。

二是建立法院自身的监督机制，对本院当年办结的案件，采取监察、纪

检联合定期检查制度，及时发现问题及时解决，并建立责任追究制度，一级一级责任倒查，进行错案追究。

三是围绕廉政建设开展形式多样的活动，如，致法官家属的一封信，邀请法官家属参加法院的年终表彰会等，让法官家属也参加到廉政建设中来，发挥更大的作用，从源头上治理腐败现象，提高法院的办案质量，逐渐减少信访案件的发生，为转型跨越发展提供良好的法制环境。

2010年9月26日

人身损害赔偿法律适用问题研究

根据我国的相关法律规定，公民因生命、健康、身体等权利遭受侵害，受害人、受害人抚养的被抚养人、死亡受害人的近亲属可依法获得相应的赔偿。在审判实践中，由于相近或类似的侵权行为产生的原因及情况不同，以至在审理案件确定责任时所适用法律的不同，最终造成对受害人的赔偿结果的不同。也就是说，立案的案由不同，行为人因相同或类似的侵权行为而产生的侵权责任所应承担的赔偿数额千差万别。由于法律制度之间存在许多方面的不一致，影响了法律的权威性和严肃性，公民因此而产生了对法律公平正义的诸多质疑。

一、人身损害赔偿案件适用法律的不同

从近几年法院受理的人身损害赔偿案件情况看，有以下几种类型：刑事庭受理的交通肇事、故意伤害、抢劫、抢夺、自诉案等刑事案件的受害人申请刑事附带民事赔偿案件；民事庭受理的交通事故、人身损害、医疗纠纷、劳动者受到人身损害的劳动争议案和部分刑事受害人提起的民事赔偿案件；行政庭受理的行政机关工作人员行使行政职权侵害公民人身权利的国家赔偿

案件。

1. 雇佣人身损害和工伤人身损害适用法律的不同。

雇员在从事雇佣活动中遭受人身损害的，根据《最高人民法院关于审理人身损害赔偿案件适用法律若干问题的解释》（以下简称《人损司法解释》）第十一条规定，雇员在从事雇佣活动中遭受人身损害，雇主应当承担赔偿责任。雇佣关系以外的第三人造成雇员人身损害的，赔偿权利人可以请求第三人和雇主承担赔偿责任。因此，雇佣损害适用的是《民法通则》和《人损司法解释》。依法应当参加工伤保险统筹的用工单位的劳动者，因工伤事故遭受人身损害的，劳动者或近亲属向人民法院起诉的按照《工伤保险条例》规定处理，适用的是《劳动法》。劳动争议案件必须依据《劳动争议调解仲裁法》先进行仲裁，劳动者不服仲裁的才可以向人民法院起诉。

2. 医疗事故和一般医疗损害适用法律的不同。

医疗机构及其医务人员在医疗活动中，违反医疗卫生管理法律、法规、部门规章等，过失造成患者人身损害的，最高人民法院下发了《关于参照〈医疗事故处理条例〉审理医疗纠纷民事案件的通知》（以下简称《通知》），因此，法院从2002年以来一直适用部门条例《医疗事故处理条例》来处理医疗事故案件。根据《通知》精神，对于构不成医疗事故的或者受害人直接以一般医疗赔偿纠纷起诉的，都适用《民法通则》和《人损司法解释》。因此医疗事故和一般医疗损害适用的是两种法律依据和两种救助渠道。

《侵权责任法》规定，在医疗侵权民事责任中不再使用医疗事故的概念，将医疗纠纷划分为医疗损害赔偿纠纷和医疗服务合同纠纷。如果原告选择前者，那么法院适用侵权责任原理来审理案件，选择后者适用合同责任原理来审理案件。

3. 执行职务和行使行政职权致人损害适用法律的不同。

根据《国家赔偿法》第三条规定，行政机关及其工作人员在行使行政职权时侵犯人身权的，受害人有取得赔偿的权利。因此行政机关及其工作人员在执行行政职务中致人伤害的，适用的是《国家赔偿法》的有关规定，适用《行政诉讼法》进行国家赔偿的诉讼。根据《人损司法解释》第八条规定："法人或者其他组织的法定代表人、负责人以及工作人员，在执行职务中致人损害的，依照民法通则第一百二十一条的规定，由该法人或者其他组织承担民事责任。上述人员实施与职务无关的行为致人损害的，应当由行为人承担赔偿责任。"因此，工作人员在工作中致人损害的由该工作人员所在的单位承担民事责任，适用的是《民法通则》和《人损司法解释》。

4. 人身损害民事诉讼和刑事附带民事诉讼适用法律的不同。

《刑事诉讼法》第七十七条规定，被害人由于被告人的犯罪行为而遭受物质损失的，在刑事诉讼过程中，有权提起附带民事诉讼。根据《最高人民法院关于刑事附带民事诉讼范围问题的规定》，对于被害人因犯罪行为遭受精神损失而提起附带民事诉讼的，人民法院不予受理。因此，法院审理刑事附带民事案件程序适用的是刑事诉讼法和民事诉讼法规定的程序，实体适用的是《民法通则》和《人损司法解释》的有关规定，但只赔偿已经遭受的物质损失。民事庭受理的人身损害赔偿案件程序适用的是民事诉讼法规定的程序，实体部分除赔偿已经遭受的物质损失外，根据《最高人民法院关于确定民事侵权精神损害赔偿责任若干问题的解释》规定，赔偿受害人受到的精神损失。

二、人身损害赔偿标准和赔偿结果的不同

根据《人损司法解释》规定，受害人遭受人身损害，赔偿义务人应当予以赔偿的项目有医疗费、误工费、护理费、交通费、住宿费、住院伙食补助费、必要的营养费。受害人因伤致残的，赔偿残疾赔偿金（最长不超过20年）、残疾辅助器具费、被扶养人生活费，康复护理（最长不超过20年）、继续治疗必要的康复费、护理费、后续治疗费。受害人死亡的，还应当赔偿丧葬费、

被扶养人生活费、死亡补偿费（最长不超过20年），办理丧事的交通费、住宿费和误工损失等。除此之外，还可以请求赔偿精神损害抚慰金。因此，适用民法赔偿的原则是完全的填补原则，损失多少赔多少。

新《国家赔偿法》有关赔偿的规定与《人损司法解释》不同的是：受害人遭受人身损害的赔偿项目没有交通费、住宿费、住院伙食补助费、必要的营养费，受害人死亡的赔偿项目没有办理丧事的交通费、住宿费和误工损失等。误工费最高限额为国家上年度职工日平均工资的5倍，新国家赔偿法规定侵犯人身权致人精神损害，造成严重后果的，应当支付相应的精神损害抚慰金。而旧国家赔偿法规定侵犯人身权致人精神损害不予赔偿。因此国家赔偿法赔偿的原则是赔偿直接损失的原则。

《医疗事故处理条例》有关赔偿的规定与《人损司法解释》不同的是：医疗事故的赔偿项目没有营养费、康复费、后续治疗费、死亡赔偿金，残疾赔偿金只是残疾生活补助费（最长30年），误工费按上一年度职工年平均工资3倍以下。精神损害抚慰金按照医疗事故发生地居民年平均生活费计算，造成患者死亡的，赔偿年限最长不超过6年；造成患者残疾的，赔偿年限最长不超过3年。《医疗事故处理条例》的赔偿原则是一次性赔偿基本医疗费用的基本赔偿的原则，也就是说，构成医疗事故的伤害严重反而比一般医疗损害赔偿的数额少。

《工伤保险条例》有关赔偿的规定与《人损司法解释》不同的是：治疗工伤费用按照工伤保险诊疗项目、服务标准，从工伤保险基金支付；住院伙食补助费按出差伙食补助标准的70%发给；生活护理费按照定残等级标准并结合上年度职工月平均工资的30%至50%支付；伤残补助金按伤残等级一次性支付，标准为本人6个月至24个月的工资，并从工伤保险基金按月支付伤残津贴；职工因工死亡的一次性工亡补助金的标准为48个月至60个月的统筹地区上年度职工月平均工资，供养亲属抚恤金按照职工本人工资的一定比例发给由因工死亡职工生前提供主要生活来源、无劳动能力的亲属，标准为：配偶每月40%，其他亲属每人每月30%，孤寡老人或者孤儿每人每月在上述标准的基础上增加10%。赔偿的原则是赔偿直接损失和必然损失，所以同样的损害雇佣损害比工伤损害赔偿的数额要多。

《侵权责任法》暂时没有规定损害赔偿范围和标准，只规定受害人有被扶养人的，将被扶养人生活费计入残疾赔偿金或死亡赔偿金。《民用航空法》规定，对每名旅客的赔偿责任限额为人民币40万元；《铁路法》规定，铁路运输企业对每名铁路旅客人身伤亡的赔偿责任限额为人民币15万元。显然，高度危险责任的限额标准已经不适应现在的经济发展水平。

人身损害死亡赔偿金对照表（按照2009年城镇居民收入）

适用法律	赔偿标准
人损司法解释	城镇居民人均可支配收入13997元×20年=279940元
国家赔偿法	同上
医疗事故处理条例	没有
工伤保险条例	职工月平均工资2379.9元×60个月=142794元

三、适用法律不同产生的原因和审判实践中存在的问题

1. **立法方面的原因。**

一是法律法规的制定不严密、不统一。

法律之间的冲突、互相交叉、法律空白等问题难以解决，双方当事人选择有利于自己的条款，各执一词，互不相让，增加了法官审理此类案件的难度。如医疗事故的处理没有相关法律规定，只好适用下位法的部门条例，而部门行政条例部门利益色彩浓厚，如《医疗事故处理条例》第四十九条规定，不属于医疗事故的，医疗机构不承担赔偿责任。这意味着患者只有被鉴定构

成医疗事故的才给予损害赔偿，而在现实中90%以上的医疗纠纷构不成医疗事故，但不赔偿又根本化解不了医患双方的矛盾，后来最高人民法院参照《医疗事故处理条例》的通知补充其适用条例的不足，现又用《侵权责任法》弥补医疗纠纷处理适用法律的问题，但至今没有相关的司法解释出台。所以说，立法方面一直是发现问题修修补补，补丁摞补丁，捉襟见肘，最终造成法律制度上的不公平。

二是法律的修订滞后于社会的发展。

由于法律颁布的时代背景不同，社会向前飞速发展，尤其是改革开放后计划经济体制变为市场经济体制，各种社会关系需要及时调整，否则限制了社会的发展，造成了法官审理案件无“法”适从，导致社会矛盾越积越深，引起相关社会关系的不协调、不稳定。如土地承包经营权纠纷就是在土地政策调整后，人们对土地的依附程度发生变化，从互相转让土地变为争着要地，有时因为争地抢地大打出手，引发了不同程度人身伤害案件，因此立法部门急需根据现实情况及时调整有关法律法规，推动社会各方面健康、协调向前发展。另外，法律的修订也要考虑社会各方面的承受能力，如《劳动合同法》的修订和我国部分地区经济发展现状不相适应，它的出台引起社会某些方面的震动，出现南方许多企业关停、劳动者失业等现象，劳动者的工伤事故得不到解决，短期内难以恢复原有的和谐。

三是民事方面法律的规定过于粗放。

由于民事法律关系错综复杂、千变万化，法律法规只能原则性和灵活性相结合，只好出台相关的司法解释应急，而且法律规定的空间较大，法官在审理案件时不好把握，造成法官和法院办案的压力也相对增大，容易造成当事人和法官之间的对立情绪。因此，在立法时法律法规规定得越细，法官自由裁量权的空间越小，当事人与法院之间对法律认同的差距就越小，就可减少法院、法官的办案压力。如人身损害案件逐渐形成基本统一的赔偿标准，既透明度高，法官办案又好操作，办案效率也能提高，当事人也相对满意，从根本上使法官办案有法可依，最大限度地让老百姓感受到公平正义。

2. 法院审理案件中存在的问题。

一是法官审理案件的难度。

适用法律和赔偿标准的不同、计算方法的复杂给审判工作带来诸多不便，也给法官在审理案件上加大了工作量。如有的当事人的诉讼请求是医疗事故赔偿，案由已经决定适用的法律，当鉴定构不成医疗事故时，当事人不听法官的再三解释，不变更为医疗损害赔偿的诉讼请求，又不接受败诉的结果。其次是调解难且调解成功率很低，有些人损案件的当事人对有关法律规定不甚了解，双方对赔偿额度心理预期差距大，双方之间互不相让，而且法律规定的赔偿标准操作空间大，法官很难掌握案件的平衡，所以费很大力气调解不了此类案件，而且判决处理上诉率高，浪费两级法院的审判资源。

二是法院证据采信的难度。

法官从双方提供的证据材料难以判断的专业问题必须依靠鉴定结论，而鉴定机制和标准不同给法官审理案件带来很大的难度。比如医疗事故的鉴定由所在地的医学会组织医疗事故技术鉴定，根据《通知》精神，因医疗事故以外的原因引起的医疗赔偿纠纷（医疗过错）适用民法，医疗过错损害的鉴定根据《人民法院对外委托司法鉴定管理规定》组织司法鉴定，两种鉴定机制造成鉴定结论的不一致。最高人民法院《关于适用〈侵权责任法〉若干问题的通知》规定，人民法院适用《侵权责任法》审理民事纠纷案件，按照程序组织司法鉴定。总之，鉴定部门的鉴定标准不统一，没有严格的时效限制，有些鉴定机构随意性强，鉴定结论不客观，鉴定人员又不出庭质证，再加上鉴定没有监督机制，当事人不满意鉴定结论就多次申请重复鉴定，多次鉴定，多种鉴定结果，证出多门，再加上专家的认识程度的不同，进而加剧了患者对鉴定结论的不信任，引起当事人对判决结果的不满意。

三是当事人双方对立情绪严重。

法律法规本身存在这么多的不同情况，当事人不理解，法官怎么解释当事人也不明白，所以当事人之间将案件互相攀比，有的交通肇事案件当事人情绪非常激动，将被撞伤、撞死的人抬到肇事者家闹事，误认为通过闹事就可加大赔偿的额度和加快赔偿的速度，如原告、被告是外地车辆行至榆次高速路段相撞后造成人身伤害，开庭时双方大吵大闹，对法官口出不逊，导致法庭无法进行案件调解，当事人双方不配合法院的正常庭审，并对判决赔偿的结果不满意，上演各种各样的闹剧，给法官造成很大的思想压力。

四、解决问题的措施

（一）从立法层面应完善的法律制度

1. 制定相对统一的人损赔偿法律制度。

立法机关在立法时改变过去只考虑法律制度纵向的历史沿革，不考虑法律制度横向的基本平衡，立法时要打破法律部门之间的界限，全面衡量人身损害的各项法律制度，保证法律法规的制定上不冲突，制定部门条例时尽最大可能消除部门利益的驱动，从大局出发，以人为本，制定相对稳定、基本一致、容易操作、公开透明、老百姓能够接受的广义的人身受到伤害的赔偿制度，这样可以从立法上化解一大批社会矛盾。

2. 及时调整不适应社会发展的法律制度。

法律制度是生产关系的范畴，经济发展是生产力的范畴，所以生产关系一定要适应生产力的要求，同样，法律制度也要积极适应经济发展的要求，经济社会迅猛向前发展，法律制定的相对滞后制约了经济的发展速度，所以必须及时调整法律法规，为经济发展提供强有力的法制保障。同时，加强对最基层情况的调查研究，修订法律应当多征求基层的意见，减少法律上的补丁。

3. 完善鉴定人出庭质证的法律制度。

根据最高人民法院《关于民事诉讼证据的若干规定》第五十九条规定："鉴定人应当出庭接受当事人质询。鉴定人确因特殊原因无法出庭的，经人民法院准许，可以书面答复当事人的质询。"按照证据规则的要求，鉴定人对其做出的鉴定结论有义务接受当事人的质询，但在审判实践中，鉴定人的出庭率几乎为零，法官和当事人对鉴定结论专业方面的异议得不到解答，造成当事人多次申请重新鉴定，因此，要制定鉴定监督机制和错误鉴定追究机制，对做出错误鉴定的鉴定人实行错案追究，制定明确的具有可操作性的鉴定人出庭制度，以及不出庭应当承担的法律责任。

（二）从法院层面应完善的制度

1. 建立规范办案制度。

当前，在没有人身损害赔偿的专门法律规定的情况下，省高院尽快出台《关于山西省人民法院审理人身损害赔偿案件的规范指导意见》，规范法律法规中关于人身损害方面的各项制度，制定操作性强、公平公正的在全省范围内统一的办案标准，逐渐缩小法官自由裁量空间，减少当事人和法院的对立情绪。

2. 建立司法公开制度。

法院在坚持案件审理"六公开"的基础上，逐步探索和建立人身损害案件裁判文书公开制度，将有影响的、有代表性的人身损害赔偿案件的裁判文书公开，指导同类型的案件审理和裁判。特别是将可以化解社会矛盾的精品裁判文书公开，将在社会上起到罢访息诉和对社会关系起正确导向作用的裁判文书公开，增强案件的透明度和说理性。

3. 建立案件平衡制度。

一是鉴定结论的平衡。鉴定机构将鉴定标准制定成统一的、规范的鉴定办法，制定切合实际的鉴定时效，把握好每个鉴定结论之间横向纵向的平衡。二是公开赔偿的项目。法院在审判中公开裁判的依据，减少当事人对法官的误解。三是裁判结果的平衡。将案件的审理的程序、实体一把尺子、一个标准，公开、透明地审理人身损害赔偿案件，建立老百姓信任的、科学的人身损害赔偿案件的审判机制。

2010年11月10日

本文刊登于《晋中综治》2011年总期第9期。

被山西省晋中市综治协会评为2010年度优秀论文。

法苑探析

第二篇

审判实务

围绕中心　创新机制
为我区的社会稳定和经济发展创优环境

在金融危机的影响下，积极应对宏观经济环境变化引发的新情况、新问题，为保增长、保民生、保稳定提供司法保障，是当前和今后一段时期人民法院工作的重中之重。针对当前民商事审判工作面临的新形势、新任务，我们紧紧围绕全区“大力打造现代晋商中心区”的战略目标，充分发挥法院的审判职能，以科学发展观统领民事审判工作，强化调解，规范程序，创新机制，秉公执法，服务大局，为榆次的政治稳定、经济发展、百姓的安居乐业提供良好的法制环境。

去年民二、民三庭共受理民商事案件410件，审结385件，审结率为93.9%；调解撤诉188件，调撤率为48.9%。其中：

——在维护社会、政治稳定方面，办理人身损害案4件，侵权赔偿案6件，土地承包合同案3件，有效地维护了榆次正常的社会秩序和政治秩序；

——在服务经济建设方面，为金融部门审理欠贷案54件，涉案标的1150多万元；为榆次工业园区和修文工业园区审理欠款案13件，涉案标的530多万元；为供热部门审理拖欠供热费案25件，涉案标的10多万元；为建筑行业审理工程欠款案10件，涉案标的591多万元；审理买卖合同纠纷35件，欠款合同案88件，为我区的经济建设提供了有效的法律帮助。

——在服务民生方面，为维护职工合法权益，审理劳动争议案2件2人，对规范劳动用工、减少不必要的群体性上访、维护正常用工秩序起到了积极的作用。

——在服务农业生产方面，为农村审理土地补偿款分配案、土地承包流转案3件，维护了农村的稳定。

一、强化政治意识，以科学发展观统领民事审判工作

法院学习实践科学发展观的主要任务就是将科学发展观全面贯彻到审判工作的方方面面，贯彻到审判工作的始终，全面推动法院更好地服务科学发展观和更好地实现法院自身的科学发展，确保法院正确的政治方向。

今年开展“学习实践科学发展观”活动以来，根据区委和院党组的统一安排，首先，积极参加院党组组织的集中学习，统一思想，提高认识，深刻领会科学发展观的精神实质。并以支部组织全体党员认真学习规定课程，积极展开讨论，大家踊跃发言，结合工作实际谈体会，做到集中学习和自学相结合，理论学习和审判实践相结合，用科学发展观武装头脑，并指导审判实践。

其次，制订了切实可行的实施方案，按照中央的总体要求，在原原本本学习中央规定的必读书外，创新机制，开展演讲交流会、讨论会、座谈会、征求意见会等多种形式，扎扎实实推进学习实践活动，确保活动不走过场、不出偏差，突出实践特色，解决影响当前和长远发展的突出问题。

第三是建章立制，改变工作作风，为群众、企业解决实际困难，做到学有所用、学有所获，不仅提高政治素质，把握正确的政治方向，而且提高了审判业务素质，让老百姓最大限度地感受到公平正义。

除此以外，还结合法院的工作实际，认真学习最高人民法院副院长沈德

咏关于《正确处理若干重大关系，促进人民法院科学发展》的讲话，学习晋中中级人民法院张炜院长在开展学习实践科学发展观活动动员会上的讲话精神。并学习新法规，进行案例分析研究，召开专题研究会，切实把活动当做促进工作的强大推动力，真正做到工作学习两不误、两促进，把审判工作当作贯彻科学发展观的实践过程。

二、强化服务意识，为我区社会经济的健康发展保驾护航

法院民事审判职能具有依法调节社会关系、化解社会矛盾纠纷、维护社会主义市场经济秩序、营造安定和谐的社会环境等职能，民事审判工作既是社会治安稳定和政治稳定的稳定器，也是促进榆次经济发展、保证经济秩序正常稳定运转的加速器，因此，我们必须牢固树立为大局服务的意识，找准人民法院工作与区委中心工作的结合点，真正做到部署工作、处理问题、审理案件都要着眼于区委的大局，从有利于大局来把握，充分发挥其职能，为我区各项事业提供良好的法制环境。

1. 服务企业，为我区的经济又好又快发展创优发展环境。

去年受金融危机的影响，我区经济发展出现较大的困难，我们把服务我区经济发展作为法院民商事审判工作的重点，为了更深地了解企业的困难和新出现的问题，保障我区经济平稳发展，为企业提供优质及时的司法服务，年初我们法院综合分析我区经济发展和法院工作的现状，将去年确定为“企业服务年”，树立服务大局的意识，强化政治责任，进一步探索经济发展和审判工作的结合点。

首先，深入企业调查研究。在金融危机影响整个经济形势的大背景下，企业出现了前所未有的困难，如何为企业提供法律帮助、尽快帮企业走出困境是我们法院义不容辞的责任。今年5月初带领民事庭庭长和部分法官深入工业园区与企业领导座谈，调查研究，了解企业的现状和存在的困难，金融危机给企业带来的新问题和出现的新情况，需要法院提供哪些法律方面的帮

助，了解企业存在哪些隐患，法院应制定哪些预案和准备工作应对金融危机出现的新情况、新问题。去年5月中旬，和政协委员一起利用6个工作日深入30多个企业进行调研，并撰写了《金融危机对我区民商事审判工作的影响及对策》的调研报告，为我区法院今后的民商事审判工作探索出了一条新思路。

其次，主动为企业提供法律服务。我们改变过去就案办案的工作方法，采取送法上门的办法，让法官讲解企业急需的法律方面的知识及在经营管理中如何防范法律风险，为企业讲解在签订合同中应注意的事项、如何规范经营行为、如何规避法律风险、怎样用法律武器保护自己的合法权益等知识，防范可能遇到的各种风险，最终减少诉讼案件的发生，减少企业不必要的人力、物力、财力的浪费，防患于未然。我们和企业建立了定期联系制度，随时掌握企业经营中法律方面的情况，及时为企业提供法律咨询服务。并聘请省劳动局的专家为部分企业干部讲解劳动用工方面的知识和用工方面应注意事项等企业急需的法律知识。

对案情简单、事实清楚的案件尽量适用简易程序，方便企业。去年我们受理了建行、信用社等金融机构起诉的45件借贷纠纷案件，被告有意躲避，拒不接收法律文书，有的甚至态度十分恶劣。法官为提高办案效率，采取录音、摄像等措施，克服一切困难，利用早晨、晚上甚至星期天上门送达，并做耐心细致的工作，结果许多被告未开庭即已还清贷款，有的在庭审中与原告和解，有的与原告协商了展期，原告选择了撤诉。对不能达成协议的案件，根据事实和法律及时下判，缩短了办案周期，提高了办案效率，收到了良好的社会效果。

第三，分类指导，快审快结，为企业保驾护航。对于进入诉讼阶段的案件区分类型分别指导，该快的则快，当慢的则慢，慎用查封、扣押、冻结手段，妥善保护债权人和债务人双方的利益，从服务发展大局、维护社会稳定、坚持司法为民出发，为创优发展环境行使好审判权。去年民商事审判工作主要审理好以下几类重点案件：

一是企业破产、改制案件。对申请破产的企业，认真审查破产的各种文件，把好立案关，避免企业破产带来大量职工失业、银行债权落空，直接影响社会稳定；对于涉及改制企业的案件，我们及时和政府、所属系统联系，多方面进行调解，避免就案办案引起连锁反应，造成不必要的上访事件的发生。

二是劳动争议案件。对于因金融危机影响，企业经营困难、资金紧张而引起的拖欠职工工资、保险费、解除劳动合同等劳动争议案件，从实际出发，既维护劳动者的合法权益，也要考虑企业的生存和发展。同时，要积极做好与劳动仲裁机构的信息沟通、业务协调，将仲裁前置程序与法院立案衔接，促使更多的劳动争议能够在仲裁阶段解决，最大限度缩短办案周期。

三是各类合同案件。对涉及一方当事人拒绝履行合同义务的案件，特别是拖欠货款的案件，第一时间穷尽一切办法为当事人提供司法保障。如丰亿机械有限公司是我市的一家民营企业，由于山东的一家债务人拖欠货款137万余元，造成丰亿公司资金周转困难，企业陷入困境。我庭受理此案的当天即根据当事人的申请依法办理诉讼保全手续，接着我们远赴陕西延安冻结了被告的债权，并通知被告应诉。不到一个月，在我们的协调下，被告付清全部货款，该案以撤诉结案。民事审判庭为企业解决了困难，受到了企业的好评。

2. 服务民生，维护公民的合法权益不受侵犯。

民为邦本，本固邦宁。保障和改善民生是我们一切工作的最终目标，审判工作必须把解决人民群众最关心、最直接、最现实的利益问题摆在最重要的位置。今年民二庭受理了一起从内蒙古远道而来的原告王某、贾某夫妇诉住榆次的被告张某、刘某夫妇人身损害赔偿纠纷案，起因是2007年10月原告之子租被告的房屋，所租房屋的家用锅炉发生爆炸事件，20岁的原告之子受伤当场死亡。因该锅炉爆炸原因年久无法鉴定，原审以证据不足判决驳回原告的诉讼请求，原告不服上诉，中院发还重审，民二庭受理后非常同情他们的遭遇，理解他们远道诉讼的艰辛，做了耐心细致的调解工作，最终促使被告由原来的分文不付到自愿补偿37 000元，双方达成调解协议。死者得以告慰，生者得以安抚。

去年5月份起，民三庭陆续受理了某房地产公司相关联的5起民事诉讼案件，既有新旧股东之间的股权转让纠纷，又有公司和债权人之间的建筑合同纠纷，还有股东办理转让手续的律师事务所与股东和公司之间的委托合同纠纷和保管合同纠纷。这5起案件事实互有交叉，案情复杂，涉及多种法律关系，当事人之间矛盾尖锐，审理起来有相当的难度，我们在开庭之前认真阅卷，钻研相关法律规定，在掌握基本案情的基础上，多次与几方当事人沟通，了解他们内心的真实想法，提前做好矛盾的疏导工作，5起案件全部庭审完毕后，又分别对各方做调解工作，经过努力，终于说服原股东协助新股东继续办理资质证，完善相关手续，张某撤回了对原股东的起诉。新股东林某作为目前的法定代表人也接受了公章，律师事务所亦就此案撤诉。其他两案虽未能达成调解协议，但判决书中对事实和证据论证充分，说理透彻，几方当事人表示服判，均未提出上诉，做到案结事了。

去年暑假期间，根据区综治委的安排，为教育局和关工委举办的庄子乡中学生社会实践基地讲解民法基本知识，共讲八个课时，受教育人数达1400余人，受到领导和四中、五中等学生的好评。

3. 服务党委、政府工作大局，为经济社会发展提供决策依据和理论依据。

调查研究是人民法院的基础性工作，是法院工作的重要组成部分。通过调查研究及时发现影响人民法院改革发展的突出问题，从实践到理论，理论再指导实践，实现从复杂的司法现象中寻找解决问题、改革创新的基本路径，真正为领导决策服务。去年后半年，深入到工业园区、三十多个企业、政府各职能部门、供热公司、各乡镇等单位进行调研，撰写了《农村土地承包经营权纠纷的法律思考和建议》、《多元化解决纠纷机制的探索和实践》、《供热合同纠纷的成因及对策》、《民事案件转化为刑事案件的现状、原因及对策》、《交通肇事案的法律思考及对策》等调研报告，被中国农经信息网、省高院办的《山西审判》杂志和《调研专刊》、山西法院网，晋中市委办的《晋中信息》、《晋中市综治协会简报》、《晋中综治》、《晋中法院简报》、《晋中审判》，榆次区委办的《榆次政研》、《榆次时报》等报纸、杂志和网站转载。其中，《多元化解决纠纷机制的探索和实践》一文被评为山西省晋中市首届法治论坛优秀论文三等奖，获得山西省晋中市第三次社会科学研究优秀成果三等奖，这些调研报告为领导科学决策提供参考依据，为法院科学发展提供了良好的舆论环境。同时，在法官中深化了增强司法能力、加强业务学习与开展调研并重的观念，提高他们总结审判经验、梳理存在问题、解决实际问题、化解矛盾纠纷的能力，以新的视角重新认识审判工作的理论研究对审判实践的指导作用，并把理论研究工作有机地融入司法审判的实践中。

三、强化廉政意识，切实提高司法公信力

加强司法廉政建设是做好审判工作的灵魂和组织保证，我们始终坚持“从严治院”的方针，坚持一岗双责，分管院长既抓审判工作又抓队伍建设，层层签订责任书，严格自律，严格办案程序。今年以来，在全院组织开展了社会主义法治理念教育，组织全院干警学习市纪委《关于在全市法院系统开展严格执法教育的建议》等有关廉政建设的文件，观看廉政方面的警示片，警钟常鸣，并结合我院实际制订了《关于认真组织开展廉政建设集中教育的实施方案》，抓好各项制度的建立和落实，规范程序，严格管理，从制度上、程序上杜绝腐败的产生。

近期召开院务工作会议，认真学习传达了《中共中央关于加强和改进新

形势下党的建设若干重大问题的决定》，并学习了最高人民法院关于反腐倡廉、惩治和预防犯罪的有关文件精神，通报了晋中各县区法院近年来所发生的10名受党纪、刑事处分的人员，教育大家严把案件审理的程序关、事实关、证据关、适用法律关，把案件办成铁案、和谐案、精品案。

四、强化人大监督意识，正确处理好依法独立审判与接受监督的关系

司法部门的监督有党委的监督、纪检部门的监督、检察部门的监督、人大及政协的监督、舆论的监督、人民群众的监督和司法部门之间的互相监督，没有监督就会产生腐败的土壤。法院和人大的关系是产生与被产生、监督与被监督、决定与执行的关系，我们强化人大意识，自觉接受人大监督，广泛听取人大代表的建议和意见，提高司法公信力。

首先，正确处理和及时报告人大交办的督办案件。我们对人大督办的案件认真审查，仔细研究，慎重对待，及时报告，对人大代表提出的建议案，积极落实，主动沟通，取得代表的谅解，并建立与代表经常联系的制度，不断发现问题，及时纠正，改进法院工作作风，规范制度，建立代表监督案件的良性循环的工作机制，进一步提高人大意识。

其次，按照区人大做出的《关于保护企业合法权益、优化企业发展环境的办法》，围绕区委的中心工作，积极化解矛盾，认真履行职责，为企业提供及时、全面、优质、宽松的法制环境，向人民交上满意的答卷。

2010年是全面实施“十一五”规划的最后一年，也是我们法院在后金融危机时期如何帮助我区经济顺利渡过难关的关键一年。全体法官在区委的正确领导和人大的监督下，以十七大和十七届三中、四中全会精神为指导，深入贯彻落实科学发展观，牢固树立“三个至上”的重要指导思想，努力践行“为大局服务，为人民司法”的工作主题，紧紧围绕全区“大力打造现代晋商中心区”的战略目标，加强法院的自身建设，充分发挥法院的审判职能，今

年做好以下三方面的工作：

一是围绕中心，服务大局，为我区经济提供优质的法律服务。继续推进法律进企业活动，为企业在经营管理中把好法律脉，让法官在我区经济发展的前沿阵地发挥好作用。

二是调查研究，创新机制，探索民事审判工作的新思路。深入到企业、单位、法庭进行调查研究，了解新情况、新问题，总结审判工作的经验和教训，形成科学的调研成果，创新工作方法，为改革审判方式打下良好基础。

三是调解优先，和谐司法，为榆次的政治稳定和经济发展提供良好的法制环境。针对当前人民内部矛盾凸显、处理难度加大的情况，继续坚持“调解优先、调判结合”的审判原则，抓好矛盾的源头，注重预防纠纷的排查和化解工作，争取做到办一个案件，消除一个隐患，促进一方平安。

2010 年 2 月 21 日

劳动争议案的审理难点剖析

近年来，随着市场经济的不断发展，我区的中小企业劳动用工逐年增多，劳动争议案件数量日趋增加，案件的类型也是逐年增多，尤其是去年受国际金融危机的影响，因企业经营困难、亏损、欠薪等原因引发大量的劳动争议案件，这是影响社会稳定不可忽视的因素，是制约经济发展的一个很重要的方面，也是目前困扰我区法院民事审判工作亟待解决的难题，必须引起全社会、各级领导、各部门的高度重视。现就榆次区近三年的劳动争议案件情况进行剖析，探讨解决问题的途径。

一、劳动争议案件的现状和形成原因剖析

近三年榆次区人民法院受理劳动争议案件的情况是：2007 年民事庭受理劳动争议案件 57 件，2008 年受理劳动争议案件 63 件，2009 年受理劳动争议案件 135 件，案件数量呈逐年上升的趋势。

据榆次区劳动仲裁委员会统计，2007年榆次区劳动仲裁委员会受理劳动争议案件 41 件，2008 年受理劳动争议案件 92 件，2009 年受理劳动争议案件 64 件。

榆次区法院劳动争议案件结案情况表

结案时间	案件数	判决处理	调解处理	驳回起诉	撤诉
2007年	57	30	1	24	2
2008年	63	46	2	12	2
2009年	135	47	7	65	14

榆次区劳动仲裁委员会劳动争议案件结案情况表

结案时间	案件数	裁决处理	调解处理
2007年	41	17	18
2008年	92	41	14
2009年	64	27	29

1. 由于解除劳动关系引发的劳动争议案件。

《劳动合同法》规定，用人单位与劳动者协商一致，劳动者提前通知用人单位，或者劳动者违反单位规章制度、被依法追究刑事责任、合同约定的解除情形等无法继续履行合同的可以解除劳动合同。但因用工单位制度不健全、劳资人员操作不规范，解除劳动关系形成的劳动纠纷在劳动争议案件中占的比例很大。如某单位解除了被追究刑事责任人的劳动关系，由于没有送达本人引发劳动纠纷，当事人要求支付所欠发的工资、赔偿金和各种社会保险，所以说规章制度的操作程序很重要。又如某医院与保洁公司签订了清理医院卫生的合同后，在没有协商的情况下，将原来聘用的卫生员（原称临时工）部分辞退，引发了卫生员要求支付补偿金、补交各项社会保险金的劳动纠纷。

2. 由于不签订劳动合同引发的劳动争议案件。

有的单位怕受到制约，违反劳动合同法的有关规定，用工管理不规范，不及时签订劳动合同，有的签订"阴阳合同"，或者只有应付劳动行政管理机关检查的合同，劳动者不持有劳动合同。有的劳动者将用工前发生的摔伤说成是用工后的工伤，有的劳动者是真正的工伤却由于没有签订劳动合同用工单位不认可。诸如此类，由于劳动合同管理中的无序和混乱，造成了许多不必要的麻烦和隐患，用工单位和劳动者在诉讼之路上苦不堪言。而根据劳动合同法规定，不签订劳动合同应向劳动者每月支付双倍工资，视为与劳动者已订立无固定期限劳动合同，这也是对随意不签订劳动合同的一种惩罚。

3. 由于单位改制引发的劳动争议案件。

自收自支的事业单位和部分企业在改制中，工作人员不按照劳动合同法的规定，盲目处理企业改制中有关职工切身利益的事宜，在安置职工和补发职工工资等方面出现问题引发了劳动争议案件。如某单位在改制时，和职工签订了单位为职工全部缴纳社会保险、双方解除劳动关系的合同，几年后十多名职工又起诉到法院，认为当初解除劳动关系的程序不合法，要求确认合同无效，办理养老金、医疗保险，补发以前的工资和支付赔偿金。

4. 由于工伤引发的劳动争议案件。

这类案件是劳动争议案件中最多的一种。有的劳动者在工作岗位上由于自身不小心受到伤害，特别是刚工作十多天发生工伤的较多；有的是因为用工单位对新职工培训不到位发生的工伤；有的是在工作岗位上突发重病或者死亡；有的是职业病引发的劳动争议案件，如某单位职工出现了皮肤过敏症状，省职业病医院诊断结论为未见职业性接触性皮炎，双方因医疗费的报销、重新安排工作、补发工资、养老保险等一系列问题发生争议，该职工遂向仲裁委员会申请仲裁，后因不服裁决又诉讼到法院。还有因交通事故引发的劳动争议案件，如某单位职工在上班途中发生交通事故，致重伤后死亡，其家属要求单位给予赔偿，形成劳动争议案件。关于这类案件引起法律界的争议，交通肇事者已经对受害人进行损害赔偿，用工单位再次赔偿岂不是得到二次赔偿，违背了人身损害的填平原则。

除以上四种情况外，还有的劳动者请求返还被用工单位扣押的抵押金、欠发的加班工资、支付劳动报酬、金融部门提前退休、培训职工的服务期限、竞业限制等原因引发的劳动争议案件。《劳动合同法》明确规定，用人单位招用劳动者，不得扣押劳动者的居民身份证和其他证件，不得要求劳动者提供担保或者以其他名义向劳动者收取财物。但有的单位不按照法律规定扣押劳动者财物，如原告与某单位签订三年劳动合同，并交该单位抵押金2200元，后因单位拒绝退还抵押金而引发劳动争议，劳动者要求确认合同部分无效并退还抵押金。

二、审理难点剖析

1. 劳动立法难以满足当前民事审判工作的需求。

劳动合同法出台之前，有劳动法和一系列与劳动保护相关的条例、地方性法规和行政规章来调整劳动关系，各种法律法规繁杂而不统一，有的出自不同的法律渊源，有的时间、内容之间存在冲突，有的执行的是被废止了的文件，立法远远滞后于经济发展的用工需求，也给民事审判工作带来新的挑战。劳动合同法实施以来，对解决劳动纠纷发挥了一定的积极作用，但和其他法律一样不是尽善尽美，与劳动用工的实际情况和现有的管理体制有脱节的地方，在整个社会没有进行充分准备、没有制定应对措施的情况下就匆忙出台，这就需要一个时期社会各方面进行调整才能适应。该法律侧重于保护劳动者的权益，劳动者的义务形同虚设，劳动者随意性较大，企业对劳动者的约束难度增大，而大量的纠纷是劳动者状告用工单位的，而且大多数结果是用工单位败诉，不能形成良性循环，劳动者告状上访的队伍不断扩大。总之，由于法律不够健全，制度不够完善，对某些问题处理缺少法律依据，有些规定总体上过于笼统和抽象，缺少可操作性，在审理中很多具体问题无法可依，此类案件的审理是目前法院面临的一些难以解决的问题，需要进一步研究和探索。

2. 争议双方对立情绪大，很难调解成功。

在经济转型过程中，企业改制是经济体制改革的重点，企业改制过程漫长、不同步和改制的不彻底，造成企业经济主体和职工身份的复杂性，企业由国有、集体经营变为股份制企业，建立了现代企业制度，职工由公家人变为社会人，加之政府社会保障不到位，由此而产生的劳动争议案件非常多。我们在民事审判中，始终贯彻“能调则调，当判则判，调判结合”的原则，尽量做耐心细致的调解工作，并且和企业的上级行政主管部门取得联系，多方面协调寻找各种可能解决的办法，但争议双方对案件结果的期望值相差较大，所以案件调解成功率很低，法院在审理此类案件时审判员耗费很大的时间和精力，但效果不尽如人意。有的当事人在法庭上大吵大闹，有的开庭合法传唤不到，开完庭来法院闹事，还有的当事人在院领导和审判员的办公室影响正常办公秩序，还有的当事人对判决结果不满意就状告审判员执法不公，上演形形色色的闹剧。从近三年的审判实践看，民事庭受理的劳动争议案调解处理的占案件总数的比例分别是2007年1 .75%、2008年3.17%、2009年5.18%，可见法院调解解决劳动纠纷很难找到争议双方的利益平衡点。

3. 判决社会效果差，争议双方很难服判息诉。

近三年民事庭受理的劳动争议案判决处理占案件总数的比例分别是2007年52.6%、2008年73%、2009年34.8%，判决和驳回诉讼请求两项加起来占案件总数的比例分别是2007年94.7%、2008年92%、2009年83%。这些数字表明，劳动争议案件中的一大部分是判决和驳回诉讼请求的裁判结果，当事人大多数对裁判结果不满意，不能服判息诉。由于单位在用工上都存在不同程度的不规范现象，诉讼往往是用工单位败诉的多，直接和间接的诉讼成本远远超过了劳动者的诉讼成本，因此判决的社会效果很差，影响企业一心一意发展经济的积极性。劳动争议案的原告大部分是劳动者，而劳动者的满意程度也不高，当事人对法律断章取义，要求赔偿的标的逐渐增加，诉求从几千元到几万元，上升到几十万，甚至还有的上升到百万，走上无休止的诉讼之路。《劳动合同法》的施行加大了对劳动者的保护力度，是无可厚非的，但同时加大了企业的用工成本，在实践中企业执行与不执行《劳动合同法》相差很大，有的企业不能承受如此大的压力，只好关门走人，直接影响到劳动者的就业。而且劳动者胜诉又给企业带来以后的不安定因素，一石击起千层浪，此类案件引起的连锁反应波及所有企业，一旦处理不好或稍有不慎就成为新的上访案件，影响社会稳定和我区的经济发展。法院在审理这些案件时很难兼顾法律效果和社会效果的统一。

4. 判决上诉率高，消耗的司法资源很大。

由于考虑到劳动争议案件的当事人生活困难，2007年4月1日施行的新的《诉讼费交纳办法》规定，劳动争议案件每件交纳10元诉讼费。2008年5月1日颁布的《劳动争议调解仲裁法》规定，劳动争议案件不收取当事人的仲裁费，诉讼门槛大幅度降低，诉讼成本几乎是零，因此当事人发生争议都不放弃诉讼手段解决，走上仲裁、复议、一审、二审、再审、上访的路子。有的当事人打官司期间单位还支付其最低工资，有的当事人经历近十年的诉讼之路，至今还在不停地上访，还有的劳动争议案件经过一、二审的多次多名法官的审理后，发回重审很难组成新的合议庭，这样的案件要消耗审判员多少个工作日无以计数，现有的审判力量难以支撑这样的工作强度和难度，法官也很难承受如此大的心理和生理的压力。

《劳动争议调解仲裁法》施行后，根据第四十七条规定，追索劳动报酬、工伤医疗费等情况可一裁终局。第四十九条规定，仲裁裁决有错误的30日内向所在地中级人民法院申请撤销裁决，裁决被中级人民法院撤销的15日内向基层法院提起诉讼，从法律程序上加大了法院审理劳动争议案的工作量，浪费了不必要的司法资源。

5. 诉讼主体复杂，冲突性很强。

发生劳动争议的用工单位大多是管理不规范、经营不善的改制企业、民营企业和劳动密集型企业，还有的是政府职能部门的下属自收自支的事业单位，劳动者大多是下岗职工、农民工、女工等，涉及人数多，群体性居多，往往十几名、几十名职工参加诉讼，争议双方对抗性强，特别是改制企业的劳动争议案件涉及的法律、法规、政策多，时间跨度大，历史遗留问题多，矛盾积累深，社会保障欠账突出，法院审理难度大。如某企业给予职工一次性支付补偿金，职工同意享受企业相关保险待遇，并解除劳动合同，但随后又反悔，引发群体性劳动争议案件，这些案件随时都有可能引发群体性上访，影响区委区政府的正常办公秩序。还有的企业、行政事业单位的部分岗位如门卫、清洁工长年聘用的临时工（有的长达十多年），劳动合同法施行后，应视为无固定期限的劳动合同，应同“正式工”同工同酬，享受同样的保险待遇，否则一旦形成劳动纠纷，成批的职工诉讼到法院，双方互不相让，增加了审判员的审理难度。还有部分案件由于法律知识的局限性，当事人胡搅蛮缠，误将做出处理决定的劳动部门作为民事诉讼主体告上法院，不听审判员多次讲解，执意不撤回诉讼请求，当判决驳回其起诉后，对最终结果非常不满，怨声载道。还有是《诉讼费交纳办法》实施前的案件对诉讼费的交纳更是不理解，致使法院处于非常尴尬的境地。

三、对策

1. 用人单位依法建立和完善科学合理的用人机制。

一是严格用人制度，把好进人关。用工单位聘用工作人员做好严格的用人计划，必须签订正式的劳动合同，既不要乱用工，也不要轻易解除劳动合同，保持职工的稳定性。特别要注意特殊群体的劳动合同签订和使用，如农民工、女职工（三期问题）、残疾人（残疾程度、精神方面）、内退人员（已有劳动关系的)、超龄人员(参保问题)、在校学生(实习生),尽量减少矛盾的发生,不要给社会增添更多更难的工作。

二是加强对职工的培训,提高职工的整体素质。加强对企业劳资人员的培训,掌握有关劳动合同的法律法规,认真研究领会其立法精神,依法、科学地管理企业,减少和劳动者的对立情绪。对新聘用职工进行必不可少的岗前培训,减少工伤事故的发生。

三是依法制定规章制度,形成企业的良性循环。严格按照劳动合同法规定的程序制定出适合本单位的规章制度,并经职工代表大会或者职工大会讨论通过,进行公示方可生效,同时规范各种制度的操作程序,否则企业的解除劳动合同的制度不能生效。

四是充分发挥企业党支部和工会的作用。中小企业建立党支部,宣传党的方针、政策,做好职工的思想政治工作,增强企业的凝聚力,增强员工爱企如家的责任心。成立工会组织,依法维护劳动者的合法权益,对用人单位履行劳动合同情况进行监督,并对存在问题提出建议,帮助和支持劳动者维护合法权益。

2. 政府部门加强对企业用工情况的有效监管和服务。

政府各职能部门既有对企业实行监管的职能,又有为企业提供有效服务的义务,树立服务大局的意识,将对企业的监管和服务的职能并重。同时,要制订预防劳动争议群体性突发事件的预案,维护社会的稳定和经济的有序发展。

一是劳动部门加强对劳动合同的监督和管理,同时又要宣传劳动法律法规,指导企业如何执行劳动法律法规,指导企业如何用工,发生纠纷如何解决。加强对工伤认定的管理,加快和简化工伤认定的程序,客观公正地做出工伤认定,减少劳动者不必要的麻烦。既要监管企业参加社会保险的执行情况,又要尽快建立社会保险缴纳的方便运行机制,全国各地联网,保证职工按时参保，不要留下真空期和真空地方，保证职工在任何地方、任何时候都能参保或转保。

二是建设、卫生、安全生产监督管理等有关行政主管部门在各自职责范围内，对用人单位执行劳动合同制度的情况进行监督管理，同时在职责范围内为企业提供及时的帮助。

三是政府引导和鼓励劳动派遣市场的建立和完善，规范和发展劳动派遣市场，解决企业临时用工的需要，减少企业用工方面的风险，弥补立法方面的不足，帮助企业从困境中走出来。

四是工业园区建立由公安、法院、劳动、法律工作者、各企业负责人参加的劳动争议调解委员会或法律事务办公室，第一时间化解园区企业发生的劳动合同纠纷，同时为企业及时提供法律服务。

五是各部门利用广播、电视、报纸、杂志广泛宣传劳动法律法规，提高广大劳动者的法律意识，增加劳动者的守法用法自觉性，引导劳动者合法、合理表达诉求，学会用法律武器保护自己的合法权益，减少劳动争议案件审判工作的难度。

3. 充分发挥法院服务经济社会的职能，为我区大局提供司法保障。

法院在审理劳动争议案件中全面贯彻科学发展观，以人为本，既要依法维护劳动者的合法权益，又要促进企业的生存发展，努力做到双赢。

一是加强学习，提高审判员处理具体问题的综合能力。在审理劳动争议案件时，不仅要认真学习劳动法律法规和党的一系列方针政策，全面掌握全区经济社会的发展情况，全面正确理解劳动立法的精神，不能机械应用法律条文，树立政治意识，服务大局，妥善处理当前形势下的劳动争议案件。

二是调查研究，创新民事审判工作方法和工作思路。深入开展法律进企业活动，到企业、单位宣传有关劳动法律法规，并进行深入细致的调查研究，了解企业的新情况、新问题和存在的隐患，总结劳动争议案件审判工作的经验和教训，创新工作方法，为审理劳动争议案件打下良好基础。

三是加强调解，建立多元化解决劳动争议案件的新机制 。在审理劳动争议案件时，要按照最高人民法院的“快立、快调、快审、快执”的原则，尽快受理，适时调解，及时判决，优先执行。尽可能发挥诉讼调解的功能，采取调解、和解方法化解劳动争议案件双方的矛盾，提高调解率，做到案结事了。同时发挥人民调解和行政调解的作用，构建三调联动的大调解格局，有效化解劳动合同纠纷。加强与相关职能部门的沟通和协作，建立政府各部门参与的多元化解决纠纷的新机制，全力预防化解可能发生的劳动争议，促进劳动关系正常、健康发展。

2010年3月30日

本文刊登于山西省高院《调研专刊》2010年第7期、《山西审判》2010年第9期、《晋中论坛》2010年第3期、《晋中法院简报》2010年第10期。

关于建立和完善交通事故速处机制的几点建议

近年来，随着经济的不断向前发展，工作压力的不断增大，公务用车和私家车的数量迅速猛增，道路交通堵塞，交通事故频发，道路交通安全管理工作与经济建设和社会发展的需求不相适应，给经济社会发展和人民群众的生活带来诸多不便，成为当前急需解决的社会问题，希望有关领导、有关部门引起高度重视，对道路交通安全工作加强科学研究，创新管理方法，方便人民群众，保障道路交通有序、安全、畅通，建立科学、高效、便捷、公开、公正的道路交通事故速处新机制。

一、交通事故发生和案件处理工作的现状

据晋中交警交通事故处理大队统计，近三年发生的交通事故呈上升趋势，死伤人数居高不下，而调解处理的案件占发案总数的比例却不高，说明交通事故案件调解解决的难度大。据榆次区人民法院统计，近两年交通肇事刑事案件和民事案件虽较2007年有所下降，但交通事故案件仍占案件总数的比例较大，并占用法院较多的审判资源。

晋中交警交通事故处理大队交通事故情况统计表

年度	案件数	死亡案数（人数）	受伤案数（人数）	调解处理
2007年	1013	59（61人）	193（255人）	206
2008年	1396	59（62人）	216（261人）	194
2009年	1421	46（47人）	198（237人）	188

榆次区人民法院交通事故案件情况统计表

年度	交通肇事刑事案数	涉案人数	交通事故民事案数
2007年	88	90	177
2008年	24	25	69
2009年	42	42	79

二、交通事故处理中存在的问题及原因分析

交通事故发生后各个处理环节程序烦琐、反应迟缓，有交通事故处理程序不科学的因素，有负责处理交通事故案件执法人员的因素，有法律法规不严密的因素。根据近年的审判实践，分析影响交通事故处理速度的原因，我认为主要有以下不可忽视的几个方面：

（一）道路交通安全管理工作方面存在的问题和原因

1. 道路安全管理违法查处不力。

对无证、无牌（假牌）、无保险车辆，无牌摩托车、无牌农用车和酒后驾驶查处力度不够，这些车辆一旦发生交通事故，因怕承担高额的赔偿费用逃逸的多，加之道路监控设施不全和维修不及时，造成交通肇事逃逸案件的破案难度大，破案率不高，放纵了交通肇事犯罪的逃逸行为。因此，有些交通肇事者心存侥幸，铤而走险，幻想逃避法律的惩罚，造成交通事故频发和交通肇事逃逸恶性循环，也为交通事故案件的处理带来了很大的困难。

2. 简易事故适用程序复杂化。

2009年2月，全国范围开始正式实施“交强险财产损失互碰自赔处理机制”。所谓“互碰自赔”，就是在交强险财产损失赔偿限额（2000元）以内，两车或多车之间发生不涉及人伤的交通事故，一定条件下，各事故方可直接到本方保险公司办理索赔手续，无须事故各方往来多家保险公司奔波，它是建立在交通事故快速处理基础上的一种快速理赔方式。有些地方是发生互碰对受损车辆双方不及时做出责任认定书，而是将双方车辆拖回事故停车场，等待处理后才能将车开出，这样对双方车辆向各自保险公司索赔带来不便，简易事故中没有按照简易程序办理，最终停车费大大超过了车损费，影响交通事故机动车互碰处理的速度。

3. 办案程序不规范。

《道路交通事故处理程序规定》第四十七条规定，公安机关交通管理部门应当自现场调查之日起10日内制作道路交通事故认定书，交通肇事逃逸案件在查获交通肇事车辆和驾驶人后10日内制作道路交通事故认定书。而现实中制作道路交通事故认定书存在不规范情况，如责任划分有失公正、适用程序不正确、超时效制作、格式不规范、内容缺项、延期送达等问题，影响了交通事故争议的解决。《道路交通事故处理程序规定》还规定，当事人对责任认定书没有异议的，收到交通事故认定书之日起10日内申请调解，并于10日内制作道路交通事故损害赔偿调解书或者道路交通事故损害赔偿调解终结书，而现实中调解不成不及时通知当事人结案，造成结案时间不明确、手续不完善，影响当事人选择新的救助途径。

（二）医疗卫生部门存在的问题和原因

1. 医院治疗费用不合理。

由于卫生部门管理运行机制的原因和利益驱动，医院在对交通事故受害人的治疗中远远超过了治疗的合理性和必要性，增加了不必要的各种检查费用，使用进口药品、营养药品、高级医疗器具和延长住院治疗的时间，从而加大了当事人的赔偿数额。医疗费是处理交通事故案件最重要、最基础的依据，因此加大了交通事故处理各个环节的难度。

2. 医疗鉴定结论不客观。

医疗鉴定部门在鉴定交通事故受伤人员的伤情、伤残等级时，存在鉴定没有时效的限制、没有严格的统一标准、没有监督部门的监督、证出多门等问题，几个部门几次鉴定几个结果，影响办案速度和办案质量，给当事人造成诸多不便。鉴定的不客观也给诉讼中的案件带来许多影响，因为一个伤残等级的相差就是二万多元，老百姓在经济上很难承受，对案件结果也是很难接受。

3. 医疗救助资金不到位。

对于交通事故逃逸案件、未参加交强险的受伤人员的治疗中，由于道路交通事故社会救助基金不到位，受伤人员得不到及时的医治，作为医院应当是竭尽全力实施救治，在没有建立道路交通事故社会救助基金会前，治疗费用应向地方财政书面报告逐渐解决。

（三）法院在审理交通事故案件中存在的问题和原因

1. 延长审限的案件多。

《民法通则》规定，身体受到伤害要求赔偿自侵权之日起一年内主张权利。但有的受害人在一年内不能治疗终结，还需要继续做手术治疗，为了不超诉讼时效，只好先立案后治疗。有些案件治疗终结后还需要进行鉴定，鉴定时间的不确定性，造成案件在法定6个月的审限内不能终结，甚至有的案件需要延长审限，给当事人带来不便。

2. 案件之间的不平衡。

交通事故案件的民事审理中，有的案件鉴定人员对伤残等级标准把握不一，造成鉴定结论不客观，有的多次重新鉴定，鉴定结论之间矛盾重重，有的医院治疗费用和住院时间超标准，有关赔偿数额法律法规不统一，执法人员难把握等，造成案件之间的不平衡，影响当事人对案件公正性的认知度。

3. 审理难度大。

交通事故案件的特点是当事人多，且当事人之间的关系错综复杂，有车主（雇主）、司机、受益人、挂靠单位、租赁公司，送达开庭传票的难度很大。高速路上发生的交通事故外地肇事车辆和多车碰撞的案件更难送达，当事人对开庭时间一拖再拖，耗费审判员的工作时间和精力；开庭时外地当事人提供的证据很难认定，特别是外地肇事车辆放行后造成案件难处理，给外地当事人造成多次往返榆次的烦琐。

4. 审判人员交通专业知识欠缺。

《道路交通事故处理程序规定》第五十一条规定：当事人对道路交通事故认定有异议的，可以自道路交通事故认定书送达之日起3日内，向上一级公安机关交通管理部门提出书面复核申请。第五十二条规定：任何一方当事人向人民法院提起诉讼并经法院受理或人民检察院对交通肇事犯罪嫌疑人批准逮捕的复核申请不予受理，并书面通知当事人。这意味着，法检两院启动处理程序，上级公安机关对责任认定书的复核程序终止。这样给法院提出了更高更难的课题，就是需要学习交通事故处理方面的知识，承担起责任认定书复核的职责，否则很难胜任目前的工作。另外，发生事故未报警，事后要求处理的，当事人向人民法院起诉交通事故案件的，法院在审理中必须认定事故责任，这就需要审判人员有足够的交通专业知识。

（四）保险公司在交通事故理赔中存在的问题和原因

一是保险公司在交通事故案件理赔的程序上烦琐，案件需要逐级审批，超过5000元或伤人案件要去省里审批，理赔的周期较长，特别是对法院的生效判决不能及时、足额赔付，给当事人造成不必要的麻烦，影响保险业务的良性循环。

二是对伤人案件的医疗费、伤残赔偿费、误工费、营养费、陪侍费等赔偿费用与当事人的心理预期相差较大，各个保险公司执行的医疗审批标准也不同，造成当事人对案件处理的满意度不高。

三是保险公司在诉讼中不参与整个诉讼过程，不提出抗辩理由和有价值的事实依据，当败诉时对判决结果不满意，不按照判决结果执行，造成保险公司和受害人非常对立的被动局面。

三、几点建议

1. 成立交通事故速处机制。

建立交警、法院、保险、医疗卫生部门为一体的集中办公的交通事故速处机制，首先成立由晋中市政法委牵头，交警、法院、医疗卫生部门、分管保险工作的负责人参加的交通事故速处领导组，领导组下设办公室，办公室设在市政法委执法检查科，由执法检查科科长任办公室主任，负责领导交通事故处理的日常工作和各部门之间的协调工作。工作实行例会制度、专门会议制度、案件汇报制度、疑难案件研究制度，各部门制订切实可行的实施方案和处理交通事故案件流程，做到案件处理公开、公正、透明。榆次区成立由区政法委牵头，法院、医疗卫生部门、分管保险工作的负责人参加的交通事故速处协调组，协调组下设办公室，办公室设在区政法委执法检查室，由执法检查室主任任办公室主任，对上级交通事故速处领导组负责并报告工作，并协调有关部门之间的工作。

2. 建立交通事故速处衔接机制。

根据《道路交通安全法》、《道路交通安全法实施条例》和《道路交通事故处理程序规定》，建立以下衔接机制。

（1）简易程序。对于未造成人身伤亡，仅造成轻微财产损失的，事实清楚的交通事故，自行协商赔偿办法并报保险公司索赔。有争议的交通事故报交警适用简易程序处理，并当场出具事故认定书，当事人请求调解的，交通警察当场对损害赔偿争议进行调解，调解不成立即结案，当事人选择诉讼等其他救助途径，做出最后赔偿决定到保险公司索赔。保险公司与被保险人达成赔偿保险金的协议后10日内赔偿。

（2）普通程序。对于造成人员伤亡的交通事故，交警在勘验现场之日起10日内制作交通事故认定书，当事人对道路交通事故认定有异议的，可以自道路交通事故认定书送达之日起3日内，向上一级公安机关交通管理部门提出书面复核申请，上级交通管理部门30日内做出责任认定书。当事人收到认定书10日内提出调解申请（交通事故致死的，调解从办理丧葬事宜结束之日起；致伤的，调解从治疗终结或者定残之日起；财产损的，从定损之日起），调解期限为10日，调解不成立即终结案件，当事人选择诉讼等其他救助途径，做出赔偿决定到保险公司索赔（最长不超过30日）。

（3）发生交通事故后当事人逃逸的，现场人员迅速报警，抢救受伤人员需要道路交通事故社会救助基金垫付费用的，公安机关交通管理部门书面通知道路交通事故社会救助基金管理机构或者保险公司，全力救助受伤人员，肇事逃逸者构成犯罪的，追究刑事责任。

（4）医疗机构在合理性和必要性范围内积极治疗交通事故中的受伤人员，并持公平、公正的态度做出严谨的鉴定结论（一般在10日内做出，最长不超过30日）。保险公司对赔偿决定做出全额赔偿，有利于保险公司业务的良性循环。

（5）诉讼阶段。以上简易和普通程序中调解、复议期间起诉法院的，终止调解、复议程序进入诉讼阶段，鉴定部门需要延长鉴定时间的申请延期。对于没有治疗终结的，等待治疗终结后再起诉或者先行判决已经发生的损害赔偿，诉讼时效重新起算，法院受理交通肇事案件后在法定审限内审理完毕。

3. 建立道路交通事故纠纷民调机构和救助基金会。

根据山西省司法厅、省公安厅和省保监局的通知精神，建立道路交通事故纠纷人民调解委员会。在交通事故认定书生效后，参加到交警调解交通事故的程序中，达成调解协议的双方当事人自觉履行，当事人不履行的，起诉法院要求履行或申请强制执行。调解不成的终结调解程序，起诉法院通过诉讼渠道解决。

《道路交通事故社会救助基金管理试行办法》于2010年1月1日起施行，尽快建立道路交通事故社会救助基金会，解决交通肇事逃逸案和未参加交强险案中受害人的赔偿问题。

2010年5月20日

本文刊登于《山西审判》2010年第10期、《晋中审判》2010年第3期。

金融借贷案件的形成原因及防范措施

金融借贷案件是金融机构与自然人、法人和其他组织之间因履行借款合同发生纠纷引发的案件。银行贷款是我国经济发展的加油站和推进剂，它解决了人们生产经营的急需资金，是沟通商品生产与商品流通的桥梁，在促进生产发展、繁荣经济生活方面起着不可替代的作用。但是，随着银行贷款的大量发放,也出现了许多借款人由于各种原因不能偿还银行到期贷款的问题，危害着银行贷款安全，影响到正常的金融运行秩序，所以大量金融借贷纠纷案件起诉到法院。现就金融借贷纠纷案件的现状、成因和存在的问题进行分析，为防范金融借贷风险提供参考。

一、金融借贷纠纷案件的现状和特点

近年来，我院受理了大量的银行、信用社关于追索银行贷款的案件，据榆次区人民法院不完全统计，2008年共受理金融借贷纠纷案件120件，涉案金额1372.4万元；2009年共受理金融借贷纠纷案件74件，涉案金额1250万元；今年上半年共受理金融借贷纠纷案件36件，涉案金额690万元。从受理案件的情况分析，金融借贷纠纷案件主要有以下几个特点：

1. 信用社的案件呈阶段性上升趋势。

法院受理的金融借贷纠纷案件的原告是工商银行、农业银行、中国银行、建设银行、信用社等各大金融机构，涉案金额较大，其中四大银行的案件呈下降趋势，因为四大银行前些年加大对不良贷款的依法清收、处置力度，不良贷款率大幅下降，轻装上阵，陆续改制上市，随之起诉到法院的案件也大幅度减少。近三年，城市商业银行（原城市信用社）、农村信用社起诉的案件相对于四大银行较多，城市商业银行和农村信用社强化了内部管理，利用法律手段加快不良贷款的清收步伐，法院受理商业银行和农村信用社的案件占法院受理金融借贷纠纷案件总数的70%以上。这些案件的审理难度相对而言比四大银行的案件手续规范程度低，证据证明力相对较差，借款人的偿还能力相对较弱，涉案标的较小，而且案件呈阶段性上升的趋势。

2. 借贷双方对事实争议不大，案件上诉率低。

金融借贷纠纷案件法律关系明确，案件事实基本清楚，订立借款合同都采用书面形式，相对于民间借款案件较规范，金融借贷纠纷形成原因都是借款人没有履行还款义务，不能偿还到期贷款引发的纠纷，所以法院在审理中借款人对借款事实不持异议，判决结果绝大部分是金融机构胜诉，证据切实充分、法律适用准确，很少有当事人双方对判决结果不服而提出上诉的情况。而且，审理这类案件调解解决的很少，因为金融借贷案件不同于民间借贷案件，金融机构的法定代表人和代理人对偿还数额无法随意让步，所以只能判决处理。只有农村信用社对个别借款逾期时间长达十多年、当时是农村政策性借贷的案件在支付利息问题上有调解的余地。总体来说，金融借贷纠纷案件审理难度并不是很大，当事人双方对主要事实没有争议，并且服判息诉率高。

3. 借款人不履行判决给付义务，案件执行难。

由于银行贷款纠纷案件的借贷关系都是陈年老账，并且被告一般都是贷款逾期时间长，没有偿还能力，甚至所欠利息比本金都高的借款人。其中有些是关、停、并、转的改制和破产企业；有些是经营失败、发生亏损的经营者；有些是缺乏偿还能力的“钉子户”；有些是由于赌博或者违法经营的债台高筑的外逃者；有些是农村种植、养殖政策性贷款、生活窘迫的农户；有些是汽车消费贷款运输中发生交通事故的损失惨重的运输专业户。总之，在执行环节上异常艰难，执行中受到的阻挠也是可想而知，加之有的银行起诉有履行职责、摆脱责任的想法，上级领导催得紧，承办人就办得快些，一旦起诉到法院就觉得完成了任务。有的承办人对是否能收回贷款并不持积极的态度，法院也有畏难情绪，所以，执行效果不好，结案率不高，案件拖得时间也长。

二、金融借贷纠纷案件形成原因和存在的问题

形成借贷纠纷案件的原因很多，既有金融机构方面的原因，也有借款人、保证人方面的原因，从表象上看，都是由于借款人到期不能归还贷款引起的，但仔细分析，有些原因却不容忽视，必须引起金融部门的关注和重视，归纳起来主要有以下几方面：

1. 信贷员把关不严。

金融机构对信贷员管理、教育不到位，银行信贷人员缺乏相关法律知识，贷款的各个环节把关不严。一是信贷员对借款人的调查、审查不慎重。尽职调查走了过场，致使一些不符合贷款条件的人，甚至是信用记录有污点的人都蒙混过关，贷上了款，在贷款发放之初就种下还不了贷款的“祸根”。二是合同管理上不规范，漏洞百出。有的借款合同要素不全，借款金额大小写不一致，没有借款期限、利率，主合同与担保合同不匹配等，甚至漏掉了单位盖章、法人代表签字等重要因素，贷款发生纠纷后，给银行造成很大被动，带来不必要的麻烦，甚至出现了借款人用捡来的身份证冒充担保人的案件，信贷员竟一无所知。还有的信贷员随意性很强，在签订借贷合同时替借款人签

字、按手印，发生纠纷时借款人借此逃避法律责任。三是贷款发放之后，疏于检查。贷款是否用于规定用途、借款人资金运转如何、贷款是否能回笼等关键问题一概不知，甚至有的信贷员明知贷款被挪用，也听之任之，熟视无睹，待贷款逾期，借款人无力偿还时悔之已晚。四是对贷款诉讼时效重视不够。贷款出现逾期后，没有及时催收，或只是口头催收贷款，没有留下书面证据，有的信贷员只是对借款人送达还款催收通知书，但不通知担保人，造成担保超过法定时效。有的信贷员根本不知道贷款诉讼时效是几年，对保证期间、担保时效的概念也是混淆不清，模棱两可。

2. 贷款担保存在漏洞。

现在银行在贷款时，为了贷款的安全，一般都要求借款人提供担保或抵押，但在选择担保时，有些银行没有认真对担保人担保资格、担保能力、担保意愿进行考察，而是图省事，走形式，听信借款人一面之辞，随便找一个担保人，签一份担保合同了事，殊不知，选择担保人的不慎重为以后留下了隐患。

"五户联保"担而不保。信用社采取的"五户联保"方式貌似可靠，实则有很大缺陷，它是五户结成的一个互保圈，五户均能贷款，互为担保人，这种形式只注重了担保人数，却忽视了担保能力，其实每户的资产加起来也没有贷款多，根本没有担保能力，甚至有的五户联保是其中一户骗贷。如某信用社与某村村民梁某等五户签订了每户贷款2万元、贷款期限为一年的借款合同，又签订了五户互为担保人的联保协议，并由五户连带偿还10万元的债务，一年后由于不能履行到期债务，信用社起诉到法院，经过开庭审理查明，10万贷款是梁某一人所用，其他四人压根就不知道怎么回事，签字是别人代签的，只是借用了其他四人的身份证而已，而用款人没钱偿还贷款。

"信用村"不信用。"信用村"担保的形式是信用社与村民签订贷款合同，担保人是村委干部个人签字，以村委（村民集体经济联合社）信用度来担保，一旦不能偿还，不仅影响全村的贷款信用，而且影响其他村民的贷款。还有的村委因此账户被冻结，村委集体财产受到损失，而且影响到村委的正常工作秩序，有的村干部辞职后，信用社还将其列为被告告上法庭，这种担保确实风险大，不切合实际。

还有的是经营状况不好的企业互为担保，或者是连环担保，贷款到期时，企业都是即将破产、濒临倒闭的企业，贷款收回率很低。

3. 贷款用途不真实。

借款用途与借款能否按期偿还存在着直接关系，贷款人是根据贷款用途来确定借款人的偿还能力而同意贷款的，如果借款人擅自改变借款用途，可能会导致贷款人到期不能收回贷款。《合同法》第二百零三条规定，借款人未按照约定的借款用途使用借款的，贷款人可以停止发放借款、提前收回借款或者解除合同。因此，借款人不按照约定的用途使用借款是一种违约行为。如某银行与某企业签订了为职工建房的贷款合同，以建起的房屋作抵押，职工有的是不知情的情况下在贷款合同上签了字，结果是企业将贷款用作经营资金，当企业亏损、无法经营时，银行才知道这项贷款根本没有用到集资建房上，只好将资不抵债的企业和42名职工告上法庭，引发了几十名职工上访事件，造成银行贷款落空，法院处于两难境地，很难兼顾法律效果和社会效果的统一。

4. 抵押合同不规范。

有些抵押合同的抵押物是《担保法》明文规定禁止抵押的物品；有些是签订抵押合同时常常忽略了不动产的他项权利登记手续，只是签了抵押合同了事；有些动产抵押没有办理相关登记手续和没有任何保障，如机械设备的抵押没有办理工商部门登记，没设任何标记，没有照相，一旦转卖无法确认是抵押物；有些是对抵押物价值没有经有资质的评估机构进行评估，只是凭感觉或账面数字确定；有些是对抵押物的管理粗放，对抵押物的价值发生变化漠然视之，更不用说及时补充抵押不足部分；有些是对抵押物被处置、转让、损毁都浑然不知；还有的是对已经抵押的物品重复抵押。总之，抵押合同签订很不规范，造成抵押合同无效，债权得不到保证。

三、减少金融借贷纠纷、降低金融风险的措施

从银行方面来讲，要把握好以下几方面：

1. 金融机构要把好贷款关，从源头上避免发生风险。

加强对从业人员的教育和管理。金融业是高风险行业，既有外部风险，也有内部从业人员的职业道德风险，各个金融机构要认真履行银监会、人民银行等监管机构对贷款管理的要求，对从业人员进行职业操守的教育、培训，特别是与贷款业务有关的信贷员、管理人员，要让他们认真执行国家的信贷政策，遵守贷款的各项规章制度，严格按流程办理贷款业务，树立正确的价值观，培养良好职业道德，珍惜自己的职业生涯，自觉自愿地负起责来，把好贷款审查、审批关。

2. 银行要对借款人做好尽职调查，严格审查借款人的信誉度。

在贷前调查时，银行要严格审查借款人的资格，调查其经营情况，看其是否符合条件，测算还贷能力，发挥人民银行信贷咨询系统和个人征信系统作用，将不符合贷款条件的借款人排除在外，在贷款时要先看人品，再看产品，把好借款人这一关。

3. 慎重落实贷款担保，严格执行贷款法律法规。

信贷员要严格按照《担保法》和金融机构关于贷款担保的规定，选择保证人一定要具有相应的资格，重点要考察其信誉度、真实性和是否有代偿能力；对抵押物要选择易变现、有价值的，同时要进行价值评估，并做好依法登记手续，严禁将法律不允许的抵押物用于抵押。

4. 加强借款合同管理。

签订借款合同和担保合同要规范，要素一定要齐全，特别是格式合同

要减少漏洞，避免担保合同与主合同不相匹配，确保合同的有效性与合法性，防患于未然，减少金融贷款纠纷的发生，最大范围化解金融机构的贷款风险。

5. 加强贷后管理。

贷后管理是降低贷款风险的有效措施。贷后管理的重点要放在贷款的使用、借款人的偿债能力检查、抵押物的管理与价值变化、贷款催收和诉讼时效延续等方面，这些都是关系到贷款安全的关键因素，千万马虎不得，一发现问题就要采取果断措施，减少不必要的损失。

6. 加强对信贷人员金融法律法规知识的培训学习。

金融从业人员学法、懂法意义重大，能帮助他们更好地理解、贯彻执行国家的信贷政策，知道哪些能做，哪些不能做，应该怎样做，就能少犯错误或不犯错误，减少工作上的失误，避免借贷纠纷的发生。如果出现金融借贷风险，要善于运用法律武器保全信贷资产。

从法院层面来讲，要把握好以下几方面：

1. 法院进一步提高为大局服务意识，办好金融借贷案件。

法院要进一步增强政治责任感，增强对宏观经济形势变化在司法领域引发的各种新情况和新问题的敏感性，服从、服务于国家对防范金融风险的统一部署，把办好金融借贷案件放到维护金融安全和保持国民经济稳定的高度来认识，受理要迅速，审理要准确，执行要坚决，为此，法官要加强对金融法律、法规的学习研究，客观、公正地办好每一件案件，把涉贷案件办成精品案、放心案。

2. 法院进一步树立能动司法的意识，主动上门服务。

法院要经常深入到金融部门讲法律，搞培训，为他们提供法律咨询，了解存在的问题，为他们排忧解难，及早发现问题，及早解决问题，并对金融机构提出司法建议，将有关法律法规送到金融机构，将司法关口前移，有效地防范金融借贷纠纷案件的发生。

3. 法院进一步加大执法力度，提高执行率。

法院要急银行之所急，设身处地为其着想，提高执行的自觉性和紧迫性，克服怕麻烦、怕辛苦的消极思想，主动多想办法、多出好主意，提高执行效率，尽可能多地收回执行标的，减少金融贷款的损失，做国家金融资产的保护神。

2010年7月20日

本文刊登于《山西审判》2010年第8期、晋中《政协信息》专刊2010年第101期、《晋中综治协会简报》2010年第10期。

被山西省晋中市综治协会评为2010年度精品调研报告。

浅议民事案件送达中存在的问题

民事诉讼中的送达，是人民法院依照法定的程序和方式，将诉讼文书送交给当事人和其他诉讼参与人的行为，是人民法院审理民事案件至关重要的一个环节。诉讼文书是否送达以及如何送达，直接关系到当事人和其他诉讼参与人依法行使诉讼权利、履行诉讼义务的关键，甚至直接影响到案件当事人的实体权利，关系到人民法院审理民事案件的程序公正和实体公正。因此，在民事审判实践中按照法定方式和程序送达法律文书，对于严格依法办案、提高诉讼效率、维护当事人的合法权益起着不可或缺的作用。但在各类民事案件的审理中，存在不同程度的、各种各样的“送达难”问题，必须引起各级法院及法院领导的重视，探索“送达难”问题解决的新路径。

一、送达中存在的问题和“送达难”产生的原因

送达诉讼文书是民事案件审理中的一项基础性的工作，能不能及时送达诉讼文书，往往决定着案件审理的效率，在实践中“送达难”造成案件久拖不决，影响民事案件的审限和结案率，降低了适用简易程序的比例，浪费审判资源，影响当事人诉讼权利的实现。

1. 公民的法制观念淡薄。

诉讼权是法律赋予公民的一项权利，同时也是公民的一项义务。民事诉讼法规定：当事人有平等的诉讼权利，人民法院审理民事案件时，应当保障和便利当事人行使诉讼权利，当事人有权在法律规定的范围内处分自己的诉讼权利。但有的当事人不懂得有关法律规定，不能正确对待诉讼行为，常常出现受送达人不配合法院，为逃避法律义务故意躲避或不接受法院的送达。其中有的是对对方当事人起诉事实不满；有的是长期外出不在；有的是债务案件逃债的被告，而且同住的成年家属也拒绝签收诉讼文书；有的是婚姻案件不愿意离婚的一方当事人，千方百计逃避法院的送达；还有的当事人对送达法官进行人身攻击……他们常常是简单地放弃了用合法方式表达合理诉求、用法律手段保护自己合法权利的机会。

2. 集团诉讼的当事人送达难。

集团诉讼的当事人多，案件事实复杂，审理难度大，特别是审理前期的送达更难。如2008年某房地产公司的拆迁纠纷一案，被告是二十多家被拆迁户，人数多达五六十人，由于他们对拆迁事实不接受，对政府有很大的抵触情绪，因此对法院的送达采取堵大门、谩骂法官等过激行为，阻止法院的送达，影响诉讼程序的正常进行。还有，某村因土地补偿款纠纷引发的案件，原告是新迁入该村的二十多户六十多人，新户因对土地补偿款分配不均问题非常不满，增加了法院的送达难度。供热纠纷案件中被告长期不在该供热小区居住，多次送达找不到人，审判员只好加班加点，利用早上或者晚上、星期天登门送达，而且有的要跑十几趟才能送达，影响法院民事案件审理的效率。

3.单位负责人承担法律责任的意识差。

有的行政、事业单位的领导对于法院的送达文书拒绝签收，有的是单位的一般人员签收后受到领导的批评，将已经收到的诉讼文书又退回法院，他们认为不签收就是否认当被告的事实，就可以减少不必要的麻烦，殊不知，接受送达是法定义务，参加诉讼是法定义务同时也是当事人的权利。其次是改制、关停并转企业作被告的案件送达也是非常难，这些企业虽然每年进行工商年检，但不进行正常生产，工人放假在家，送达只能交于雇佣的看门老人转交有关领导，作为法院也是无奈之举，这种送达的未知数太多，效果很不好，但又没有更好的办法。

4. 基层组织履行法定义务的意识差。

民事诉讼法明确规定，受送达人或者他的同住成年家属拒绝接收诉讼文书的，送达人应当邀请有关基层组织或者所在单位的代表到场，由送达人、见证人签名或者盖章，把诉讼文书留在受送达人的住所，视为送达。但在人民法院送达实践中，当受送达人不接受送达诉讼文书时，基层组织也拒绝配合，特别是有的村委、社区干部怕打击报复，不履行法律规定的义务，造成诉讼文书无法送达，甚至有的送达时当事人就在法官眼前，由于基层组织的不配合，失去最佳送达时机，造成当事人双方矛盾不能及时解决，有的矛盾激化走上上访之路，最终又成为该基层组织解决上访问题的重点工作对象。

二、法定送达产生的法律后果

民事诉讼法规定，送达的方式有直接送达、留置送达、委托送达、邮寄送达、转交送达和公告送达，诉讼文书一经合法送达，便会产生一定的法律后果。

1. 开庭传票合法送达的法律后果。

传票经合法送达后，受传唤人就有出庭参加诉讼的义务，经合法传唤不到庭的，对原告来说可以按撤诉处理，对被告来说可以缺席判决或依法拘传。反之，如果人民法院没有送达诉讼文书或者送达没有依照法定程序送达，当事人和其他诉讼参与人便无须履行诉讼文书中所列的义务。如某村村民在一起相邻权纠纷案件的审理中，开庭时原告不到庭，按规定视原告撤诉结案后，原告不理解案件审理程序的有关规定，无理取闹，不采取重新起诉立案的救助程序，反而要求法院继续审理已经了结的案件。

2. 拒绝接受诉讼文书的法律后果。

受送达人是公民的，本人不在交他的同住成年家属签收，如果拒绝接受的，有关基层组织或者所在单位代表到场，说明情况记录在案，由送达人、见证人签名或盖章（见证人不愿签名或盖章的，在送达回证上记明情况），把诉讼文书留在受送达人的住所，视为送达。受送达人是法人或其他组织的，由其主要负责人或者办公室、收发室、值班室等负责收件的人签收和盖章，无理拒绝签收的，送达人依法将诉讼文书留置于受送达人的住所，视为送达。

3. 受送达人下落不明的法律后果。

受送达人下落不明或故意逃避义务无法送达诉讼文书的，人民法院严格按照法定程序，采取在受送达人原住所地张贴公告、在报纸上刊登公告等方式通知受送达人，自公告之日起满60日视为送达，送达发生法律效力。公告送达对于保证诉讼程序的顺利进行及维护当事人的合法权益起到积极的作用。

4. 送达地址不明确的法律后果。

当事人提供的送达地址不明确的，人民法院在起诉时口头或者书面填写《当事人送达地址确认书》告知当事人法律后果。根据最高人民法院《关于适用简易程序审理民事案件的若干规定》精神，原告不能提供被告准确的送达地址，人民法院经查证后仍不能确定被告送达地址的，可以被告不明确为由裁定驳回原告起诉；被告拒不提供送达地址的，以其户籍登记、工商登记或者其他依法登记、备案中的住所地为送达地址；因当事人自己提供的送达地址不准确、送达地址变更未及时告知人民法院的，按照《当事人送达地址确认书》所确定的地址送达诉讼文书，产生的法律后果由当事人自负。

三、送达制度的新探索

1. 改革送达制度的新尝试。

送达是民事诉讼的一项重要制度，对人民法院来说，既是一项职权，又是应当履行的一项义务。对当事人来说，送达诉讼文书可以使当事人充分行使诉讼权利和履行诉讼义务，而现行的送达制度有其不足，送而不达的情况日趋明显，有时成为制约民事案件审理过程的梗阻，因此，有必要对现行送达制度提出相应的改革措施。

一是在立法上增加送达的途径。在基层组织不配合的情况下，法院可以以照相、视听资料作为送达的凭证附卷备查，视为合法送达。如去年民二庭受理的某村民刘某诉王某欠款纠纷一案，被告逃债在外，其妻和成年子女不接受法院送达的各项诉讼文书，基层组织也不配合，法院只好将诉讼文书和家属在一起的照片作为送达的依据入卷，这是一次送达制度的新尝试。

二是结合审判实践完善送达制度。建立专人送达制度，完善案件审理和送达诉讼文书的衔接手续，建立案件移交制度，防止移交签字手续不完善造成案件毁损，同时也可节约审判资源，审判员腾出时间、精力审理更多的案件，送达人可在送达时进行庭前调解，将调解工作贯穿于审理案件的始终。

邮寄送达制度现在实行的是司法专递，但存在案件移交环节上不严密的问题，发出去的诉讼文书不见回执，审判员也是束手无策，很是无奈。

三是严格使用公告送达制度。离婚案件慎用公告送达，防止一方当事人瞒天过海取得对方失踪的有关证件，达到离婚的目的。还有的案件一方当事人为了剥夺对方当事人法庭上陈述事实真相的权利，制造下落不明的假象，骗得法官的信任，获取不利于对方当事人的生效判决书。因此公告送达制度需要进一步加强管理和完善，防止当事人恶意串通钻制度的空子。

2. 政府各部门增强配合法院送达的意识。

法院的职能是化解社会矛盾，和政府各部门的工作目的是一脉相承的。有的矛盾是部分行政部门不作为引发的，所以化解社会矛盾是全社会的事，不只是法院一个部门的事。因此，各部门要认真学习各项法律法规，明确本单位、本部门职责、任务，积极配合法院送达各种诉讼文书，不要出现行政一把手拒绝接受法院送达的情况。其次，区委要以秘书处的文件对各乡镇、各街道办事处、区直各单位发出通知，即《关于积极配合法院送达诉讼文书的通知》，要求各单位、各部门履行法律规定的义务，接受和配合接受诉讼文书的送达，村委、社区等基层组织依法配合法院进行送达，全社会行动起来共同化解社会矛盾，同时利用一切宣传手段宣传公民和单位应该履行的法定接受送达的义务。

2010年8月16日

本文刊登于山西省高院2010年8月24日《生活晨报·法制周刊》、2010年8月24日《山西法院网》"法官论坛"栏目、晋中《政协信息》专刊2010年第87期、《晋中法院简报》2010年第36期。

民间借贷案件法律风险的防范

民间借贷是自然人之间借款人向出借人借款，到期返还借款并按约定支付利息的行为。近年来，由于市场经济的建立和不断地向前发展，人们生活和生产方面的需求也随着经济的发展不断增长，出现了商品市场和资金市场的空前活跃，各种各样的民间借贷合同随之增多，但由于借贷合同的不规范，借款人的不讲诚信、偿还能力差，我国信用监督制度不健全等原因，发生了形形色色的民间借贷纠纷。据榆次区人民法院不完全统计，2008年受理民间借贷案件292件，2009年受理民间借贷案件250件，2010年上半年受理民间借贷案件132件，近三年内债权人直接申请支付令的共48件。借贷纠纷的发生直接影响着人们的生活、生产的正常进行和社会秩序的稳定。

一、民间借贷案件的特点和存在的问题分析

从近几年法院受理的民间借贷案件的情况看，有偿民间借贷合同案件（约定利息的）的特点是合同涉及的标的额大；借贷双方大多数都签订书面合同；借款方自觉履行合同的意识和能力差；其中部分案件设置担保；审理

相对容易但执行难。无偿民间借贷合同案件的特点是合同涉及的标的额相对小；部分借贷双方不签订书面合同；几乎没有设置担保的；发生纠纷后的风险大；在审判中由于没有书面合同审理难度大，调解率和执行率较低。除此之外，民间借贷案件还存在许多问题，希望引起人们的高度重视，引以为戒。

1. 借贷手续不规范。

一是没有借贷手续。借贷双方往往是亲朋好友碍于面子，口头借款不打借据，经过一定期限还不了借款形成纠纷时，才意识到让借款方补借条；而有的借款方矢口否认借款事实，最终起诉到法院，但由于没有证据证明借款事实的存在，出借方只好默认法院的败诉判决；有的是分期偿还借款的双方不办理还款手续形成纠纷，到法庭上说不清借款的偿还情况；还有的借款方借钱办企业入股，由于没有写借据，出借人看到企业蒸蒸日上，将借款说成是企业入股要分红利。总之，借款由于没有借贷手续发生矛盾纠纷的，占到民间借贷案件总数的四分之一。

二是借贷手续过于简单。借贷双方借款时随意性强，写借据时借款数额不用大写，借款利息、期限不明确，没有借款日期，夫妻共同债务只签一方的名字，给假离婚逃债的人造成可乘之机；有的是出借方写借据主文，借款方落款签字；有的借据是以协议的形式写的，起诉后作为借款证据提供法庭，他们根本不知道民间借款合同是按实际给付借款时生效，只有借款合同是不足以证明借款事实存在的；还有的是第三人代替借款人写借据，发生纠纷时借款人不承认借款事实。担保法明确规定，行为人以借款人的名义出具借据代其借款，借款人不承认、行为人不能证明的，由行为人承担民事责任。由于借据的不规范，法院在审理中很难找到争议双方借贷事实的客观真实。

2. 担保合同不符合法律规定。

一是抵押担保合同不符合法律规定。有的是将仅有的一套生活用房作为抵押标的物，有的是机器设备、房屋抵押不到工商和房管部门办理抵押登记，存单、汇票抵押不到银行办理背书手续，股票、股权不到证券和工商部门办理登记，造成抵押物权无效。如王某和张某签订了借款300万元的借款合同，同时双方又签订了抵押合同，张某将其名下8套商品房作为抵押物，但双方没有到房管部门办理他项权利登记，只是将房屋登记簿交于王某，当债务人不能履行债务时，才发现未办理登记的抵押无效，抵押权人不能就抵押物优先受偿。

二是保证担保合同约定不明。在审理民间借贷案件中，保证合同大都是保证人在借据上签“保证人：某某某”，没有明确保证的期限、范围、方式。根据担保法规定，当事人对期间没有约定或者约定不明确的，保证期间为主债务履行期届满之日起6个月。范围没约定或者约定不明确的，保证人应对全部债务承担责任。保证方式（一般保证和连带保证）没有约定或者约定不明确的，按照连带责任保证承担保证责任。仅起联系、介绍作用的人，不承担保证责任。有保证人的借贷债务到期后，债务人不能清偿的，由保证人承担连带责任。

最高人民法院《关于适用〈中华人民共和国民事诉讼法〉若干问题的意见》规定：“因保证合同提起的诉讼，债权人可将债务人和保证人列为共同被告，保证人承担连带保证责任的，债权人也可只起诉保证人作被告。”也就是说，当事人签订借款合同时，同时也签订了保证合同，而且保证人承担的是保证连带责任，那么债权人可将保证人单独作为被告直接起诉到法院。

3. 以合法形式掩盖非法目的。

一是高利贷。部分民间借贷案件涉嫌高利贷，年利率超过10%，个别案件年利率高达40%，且高息往往在贷款时预先扣除或以约定本金方式归还，借据内容上体现不出高利贷，在审理中双方不说实情或者根本没有证据证明是高利贷，这种案件隐含着很大的危险性，可能引发其他案件的发生，有些借款人还不了高利贷，就可能受到人身伤害或者导致刑事案件的发生。

二是其他非法债务。赌债是赌博所欠的债务，由于法律明确规定赌债是非法债务，不受法律保护，但有的借款方违背真实意思写借据，以合法形式掩盖违法事实，法院在审理这类案件中，从双方提供的证据很难确定其是虚假违法债务。还有的借贷纠纷是侵权行为或其他纠纷引起的，如榆次区居住的李某起诉杨某偿还7万元的借款，在审理中李妻辩解该借款是虚构的借款事实，是双方有不正当的男女关系，女方逼迫其丈夫打的借条。有的是人身受到伤害不用正当手段保护自己的合法权益，而是采用逼迫对方打借条的方式处理纠纷，有时造成更大的纠纷，有的被以敲诈勒索罪告上法庭判处有期徒刑。还有的由于债务纠纷引发绑架、诈骗、非法限制人身自由、非法拘禁等严重刑事犯罪。

二、签订借款合同应当遵循的法律规定

民间借贷关系是借款人与出借人之间的权利义务关系，是一种民事法律行为，因此要产生一定的民事法律后果，所以民间借贷双方要增强法律意识，遵循民间借贷方面的法律规定，预防和减少借贷矛盾纠纷的发生。

1. 借款合同的形式和主要条款。

《合同法》第一百九十七条规定："借款合同采用书面形式，但自然人之间借款另有约定的除外。借款合同的内容包括借款种类、币种、用途、数额、利率、期限和还款方式等条款。"因此民间借款合同可以采取书面或口头两种方式，如果借款数额小、时间短、无偿、保险系数大的，可选择口头方式订立借款合同，否则应当订立书面合同，以免日后发生纠纷没有证据证明借款事实。根据民事诉讼法的规定，借款合同的当事人因不能履行到期债务发生纠纷向法院起诉时，原告应提供借款书面借据，无书面借据的，应提供必要的借款事实根据，否则裁定驳回诉讼请求。所以说，为了避免纠纷的发生，尽量签订书面借款合同。

借款合同的内容除以上法律规定外，还应当订立担保合同条款、借款合

同的主体（出借人身份证登记的姓名、夫妻共同债务的双方签名）、到期不能偿还的违约责任、明确的借款利率，数额大的应当订立争议的解决方式。

2. 借款合同利息支付的法律规定。

《合同法》第二 百一十一条规定："自然人之间的借款合同对支付利息没有约定或约定不明确的，视为不支付利息。自然人之间的借款合同约定支付利息的，借款的利率不得违反国家有关限制借款利率的规定。"因此，自然人之间的借款可以约定利息，也可以不约定利息，没有约定利息的，该合同视为无偿合同。最高人民法院《关于人民法院审理借贷案件的若干意见》规定：民间借贷利率不得超过银行同类贷款利率的4倍，并且出借人不得将利息计入本金牟取高利，超出部分的利息不予保护。

《合同法》第二百条规定："借款的利息不得预先在本金中扣除。利息预先在本金中扣除的，应当按照实际借款数额返还借款并计算利息。"也就是说，打借条应该按实际借款数额写，不得上达利息，法院在审理上达利息的案件时，按实际借款数额认定。

3. 借款合同的法律效力。

《合同法》第二百一十条规定："自然人之间的借款合同，自贷款人提供借款时生效。"这意味着只写了借据未付现金的合同不生效，自然人之间的借款合同不同于金融借贷合同，仅有当事人双方之间的合同还不能生效，须出借人将借款如数交于借款人后才能生效，因此民间借贷合同是实践合同。如王某起诉张某，双方签订了5万元的借款合同，张某未给付借款，影响了王某的生产经营活动，要求法院判决张某赔偿因此造成的损失。该案件由于借款合同未生效，无须赔偿对方损失。

合同法同时还规定，借款合同一方以欺诈、胁迫或者乘人之危，在违背真实意思的情况下所签订的借贷合同无效。如在限制人身自由的情况下，被逼迫写的借据是无效借贷合同。赌债、非法经营借贷合同是非法债务，也是无效合同，法律是不予保护的。

三、民间借贷案件风险的防范和治理

民间借贷是金融借贷的有机补充，对活跃资本借贷市场、促进经济繁荣发展起到了积极作用。由于其自身运作的特殊性，民间借贷有其先天不足，存在的问题较多，发生纠纷的比例也大，因此，防范和治理民间借贷风险是一个错综复杂的社会系统工程，需要社会各个层面、各有关部门各尽其责，协同配合，多管齐下，共同治理，才能收到预期的效果。

（一）借贷双方对民间借贷纠纷的风险防范

1. 出借方要增强风险预测能力。

首先要审查借款合同的合法性，主要条款是否齐备，抵押标的物是否合法，抵押、保证手续是否完备，利率是否符合法律规定，借款人能否履行合同约定的义务。其次要考察借款人的借款用途，生活性借款的，比如子女上学、婚嫁、买房、看病等事由，一旦发现借款事由消失马上收回借款。生产性借款的，要考察投资项目的可行性、市场前景、生产经营情况，及时掌握借款人的资金运行状况，避免发生经营不善，无法偿还借款。投资性借款的，比如借钱买股票、高回报集资等，对于高风险、高回报的风险投资要始终保持冷静的头脑，要理性投资，同时把握一个原则，每个家庭保证三分之一的"保命钱"不出家门，必须留足生活用钱，不搞风险投资，不能让骗钱财的人得逞，特别是年过六十岁的人，不要将养老钱借给他人或进行风险投资，因为一旦发生借款人无力偿还的情况，将影响老人的正常生活，老人的心理、生理上会很难承受。

2. 借款方应防范的借贷风险。

首先要按照法律规定签订借贷合同。合同是借贷行为的基础，改变过去借据存在的各种问题，对高利率借款更要认真分析、仔细斟酌，防止陷阱和圈套。其次是按约定期限、数额全面履行合同义务，增加信用度，履行还款义务时让对方打收条或者拿回自己的借条，打收条时必须说明是哪笔借款，数额大的借款尽量到银行汇款，并将汇款凭证保存，防止以后发生借贷纠纷。

3. 借贷双方依法解决争议。

借贷双方因借贷行为发生纠纷时，依法通过仲裁、诉讼或者有关部门调解解决，绝不能雇佣社会闲散人员、黑社会性质的组织成员靠武力索要，防止发生其他刑事案件。其次，要注意诉讼时效的规定。《民法通则》第一百三十五条规定：向人民法院请求保护民事诉讼权利的诉讼时效期间为两年。也就是说，从借条上载明的借款期限届满后两年债权人不主张自己的权利，就丧失胜诉的权利。

（二）社会各方面对民间借贷纠纷的防范和治理

1. 打造良好的信用环境。

首先，政府各部门要高度重视民间借贷的独特作用，对民间借贷要采取保护、引导的政策，积极倡导建立“重合同、守信用”社会风尚，打造全社会良好的信用环境，放水养鱼，活水引鱼，让民间借贷这条“小鱼”健康发展起来，在繁荣经济、促进消费方面发挥其作用。另一方面，要加强对民间借贷行为的引导，帮助民间资本寻找项目，鼓励民间资本投向转型发展项目，为我市转型发展、跨越发展作贡献。

2. 发挥金融监管作用。

人民银行作为我国金融信用管理部门，在民间借贷风险防控方面首当其责，要充分发挥人民银行金融监管职能作用，加强对民间借贷的监管，日常检查、监督工作一定要做到位。要不断研究民间借贷方面出现的新情况，及时发现问题，尽快出台民间借贷的规范管理办法，让民间借贷活动有章可循、有法可依。同时，金融机构要增加对民间的小额借款规模，有效遏制高利贷现象继续发生，解决老百姓生产、生活的急需，防止借贷纠纷引发的各种矛盾。

3. 创造良好的法治环境。

政法单位要各司其职发挥作用，一方面加强有关法律的宣传和普及，让老百姓学会用法律手段加强借贷风险的防范，从根源上减少民间借贷案件的发生，促进借贷市场逐渐走上正规。另一方面要加强执法力度，坚决打击高利贷，借款涉黄、赌、毒等违法民间借贷行为。法院对于受理的民间借贷纠纷案件，要快审快结，加大执行力度，保护债权人、债务人合法权益，为规范民间借贷行为、稳定社会秩序创造良好的法治环境，扫除危害民间借贷健康发展的“毒瘤”。

2010年9月6日

本文刊登于山西省高院《调研专刊》2010年第10期、《晋中综治协会简报》2010年第18期、《晋中综治》2010年总期第8期。

被山西省晋中市综治协会评为2010年度优秀调研文章。

竞业限制合同案件应把握的法律问题

竞业限制是指对特定行业具有特定关系的特定行为人的行为予以限制禁止的规定。它的主要内容是指企业的职工（尤其是高级管理人员）在其任职期间不得兼职于竞争公司或兼营竞争性业务，在其离职后的特定时期或地区内也不得从业于竞争公司或进行竞争性营业活动。从本质上说，竞业限制是用人单位为保护商业秘密而对劳动者自主择业权的合理限制，是依照法律规定和当事人的约定而产生的一种合同关系。这意味着，劳动者一旦违反竞业限制约定，就可能承担违约责任。从近三年法院审理劳动争议案件的审判实践看，涉及竞业限制的案件虽很少，但是属于新类型的劳动争议案件，因此，应当全面了解竞业限制的有关法律规定。

案例：光明公司与张小艳签订了劳动合同，合同约定：张小艳在光明公司从事销售工作，期间从2004年6月13日至2009年6月13日；张小艳在合同终止后5年内不得自己经营或者参与以及变相参与他人经营的与光明公司业务相同或相近的业务，在此期间，光明公司给予张小艳一定的工资补偿；解除合同后，张小艳不得带走光明公司的客户资料，否则张小艳承担全部违约责任，赔偿光明公司损失5万至50万元。双方约定保密事项，张小艳如违反光明公司关于保护商业秘密的管理规定，应当支付该公司违约金50万至300万元；还约定离职前应及时办理交接手续等，张小艳违约解除合同，按照劳动法规定承担法律责任。

合同签订后，张小艳在该公司从事产品销售工作，销售业绩光明公司很满意。2008年1月，张小艳向光明公司递交辞职报告，在没有正式解除劳动合同的情况下，张小艳便去同一市场、同一产品的实业公司从事相同业务，并将光明公司的客户资源带到实业公司。

2008年5月光明公司向劳动仲裁委员会申请仲裁，请求张小艳履行合同约定的竞业限制的义务，赔偿光明公司各项损失。经仲裁委裁决，张小艳支付光明公司违约金50万元，并赔偿经济损失45 677元，光明公司从2008年1月起每月支付张小艳竞业禁止经济补偿费300元，直到解除竞业限制合同为止。

2008年8月，张小艳不服仲裁裁决，起诉到人民法院，要求法院判决撤销仲裁裁决，认为自己不存在违反竞业限制义务，无须支付光明公司违约金和赔偿损失。审理中，光明公司提出要求张小艳支付违约金60万元，赔偿其经济损失50万元，限期交回全部客户资料并办理离职手续。

一、本案涉及的法律问题

本案用人单位和劳动者签订了固定期限的劳动合同，劳动合同的期限为5年，而且本案的劳动者是从事负有保密义务工作的管理人员，双方签订了竞业限制的条款，涉及以下几方面的法律问题：

1. 竞业限制合同的主体问题。

劳动合同法规定，对负有保密义务的劳动者（保密义务是指合同当事人负有将通过确立合同关系而了解到对方的秘密予以保守的义务），用人单位可以在劳动合同或者保密协议中与劳动者约定竞业限制条款，即：劳动者在终止或解除劳动合同后的一定期限内不得在生产同类产品、经营同类业务或有其他竞争关系的用人单位任职，也不得自己生产与原单位有竞争关系的同类产品或经营同类业务。负有保密义务的劳动者是指接触、知悉、掌握商业秘密的高级管理人员（公司的董事、经理、监事、副经理、上市公司董事会秘书和公司章程规定的其他人员）、高级技术人员（工程师、技术总监、高级研发人员）和其他负有保密义务的人员（文秘、档案人员、财务人员、营销人员、法务人员）。一般而言，竞业限制的对象是在用人单位因职务关系或工作关系接触或者可能接触商业秘密的劳动者，对其他不涉及本单位秘密的工作岗位的劳动者不得约定。本案张小艳就是负有保密义务的劳动者，光明公司是签订竞业限制合同的用人单位，应当遵守双方约定的竞业限制协议。

2. 竞业限制合同的期限问题。

保密期限是根据保密事项的性质、价值、市场等因素确定的。竞业限制合同的期限问题是非常关键的问题，本案劳动合同双方约定的竞业限制期限是在合同终止后5年内，明显超过了法定期限。劳动合同法明确规定，在解除或者终止劳动合同后，竞业限制期限不得超过法定期限2年。也就是说，在劳动合同存续期间和离职后一段时间内，负有保密义务的劳动者与用人单位对竞业限制的期限可以事先约定，但必须是在解除或者终止劳动合同后2年内，超过部分无效，体现了竞业限制的期限是在不违反法律规定的前提下，当事人双方有限制的意思自治的原则，旨在保护劳动者充分的就业自由权利。

对于侵犯商业秘密的（刑事保护），应依据有关规定承担法律责任，不受竞业限制的2年期限的限制。

3. 竞业限制合同的范围问题。

劳动合同法规定，用人单位与劳动者可以在劳动合同中约定保守用人单位的商业秘密和与知识产权相关的保密事项。商业秘密与知识产权相关的保密事项包括劳动者在特殊岗位可能掌握的用人单位的产品配方、制作工艺与方法、产品设计与程序、管理诀窍、客户名单、货源情报、产销策略、招投标中的标底及标书内容等信息。竞业限制的业务范围只是以劳动者从事的特定业务为限，不宜扩大到整个行业。本案合同当事人张小艳将光明公司的客户资源带到实业公司，符合劳动合同法规定的竞业限制的范围。

4. 竞业限制合同的补偿问题。

劳动合同法规定，在解除或者终止劳动合同后，在竞业限制期限内按月给予劳动者经济补偿。劳动者违反竞业限制约定的，应当按照约定向用人单位支付违约金。本案光明公司约定在竞业限制期限内，给予张小艳一定的工资补偿，但没有约定公司按月给予劳动者经济补偿的数额，只约定了劳动者支付违约金的数额，因此公司和劳动者之间权利义务不对等，公司只有权利而没有义务。该劳动合同既签订了支付违约金条款，又签订赔偿其经济损失的条款，而作为劳动者的张小艳既承担违约责任，又承担赔偿责任，而且数额远远超过了劳动者能够承受的范围，明显不符合劳动合同法重点保护劳动者的立法宗旨。

5. 竞业限制合同的地域问题。

竞业限制的地域限制应当根据用人单位经营业务的区域范围确定，地域范围限于与企业可能发生竞争关系的地域范围，不能无限制地扩大。同时用人单位与劳动者的约定不得违反有关法律、法规的规定，有关地域限制方面的制度也是有限制的意思自治的原则。本案张小艳就是去同一市场的另一相同行业的企业就职，明显违反了竞业限制的协议约定。

二、企业签订竞业限制合同需把握的问题

1. 慎重签订竞业限制的协议。

商业秘密是专利法保护之外的技术，是用人单位投入人力、物力、财力研制出来的，本身具有一定的价值，还能够为企业带来经济利益。另一方面

订立保密条款时，要对劳动者给予经济补偿，付出一定的经济代价。作为用人单位来说，如何管理和保护自己的商业秘密不受侵犯，使自身在市场竞争中立于不败之地非常重要，所以，对劳动者采取竞业限制的措施合理与否，商业秘密范围把握准确不准确，是否会侵犯职工的合法权益，用人单位必须权衡利弊，在签订竞业限制的劳动合同时要进行可行性研究，合法性和合理性审查，严密签订竞业限制的协议，并加强对合同的履行情况进行监督和管理。作为劳动者来说，更不能草率签订，因为要在一定时间内限制其择业自由，违反约定要支付高额的违约金。

2. 确定竞业限制期限的待遇。

企业签订竞业限制协议时严格确定竞业限制的岗位、人员、范围、期限等，同时还应签订严密的竞业限制期限的待遇，签订劳动者在保密期内享受的特殊岗位津贴，并明确岗位津贴的具体数额，在解除或者终止劳动合同后，在竞业限制期限内按月给予劳动者不低于当地最低生活保障费的经济补偿，否则竞业限制的合同无效，竞业禁止的协议对劳动者不具有约束力。在脱密期内，劳动者仍与用人单位保持劳动关系的，仍然享有相关待遇。

3. 及时固定和收集证据。

首先，商业秘密的泄漏是不可逆转的，损失具有不可弥补性，不同于一般有形物体，泄漏了永远追不回来。

其次，竞业限制救济的特点是具有滞后性，竞业限制协议只有在劳动者违反协议以后，才能申请仲裁或者提起诉讼保护自己的权利，事前绝对不可以因怀疑劳动者有违约的可能而寻求救济。

第三，经营秘密的法定构成条件的认定和把握具有很大的不确定性，经营管理方法是不断向前发展的，其证据证明力有待进一步考证。而且，法官由于法律知识和社会科学知识的不同，对经营秘密的认知程度也不同，因此，用人单位与劳动者签订竞业限制的合同后，必须及时掌握合同的运行情况，发现问题及时调整合同内容，同时对保密人员的履行合同情况进行动态管理，以便及时收集和固定有利证据，证明自己的企业存在商业秘密并为劳动者所掌握，否则发生纠纷很难举出可采信的证据。

三、法院审理竞业限制合同案件需把握的法律问题

1. 正确界定商业秘密的范围。

《反不正当竞争法》第十条规定，商业秘密是指不为公众所知悉、能为权利人带来经济利益、具有实用性并经权利人采取保密措施的技术信息和经营信息。其表现形式是图纸、配方、公式、操作指南、技术记录、实验报告等。法院在审理此类案件时严格审查竞业限制合同的合法性，正确界定商业秘密的范围，严格区分劳动者的一般知识、经验、技能与用人单位的商业秘密，正确审理竞业限制合同案件，防止用人单位利用自己经济的优势，利用保密条款和竞业限制制度加重劳动者的责任，变相限制劳动者的择业自由权利，影响人才资源的有效配置和人才的合理流动，不要造成社会的不稳定因素。

2. 坚持违约金制度的适用原则。

《劳动合同法》第二十五条规定，除本法规定的违反服务期约定和违反保守商业秘密情形外，用人单位不得与劳动者约定由劳动者承担违约金。《劳动合同法》第二十二条规定了用人单位为劳动者提供专项培训费用的可以约定服务期限，劳动者违反约定的应当向用人单位支付违约金。违约金的上限标准是用人单位提供的培训费用，具体计算方式是劳动者尚未履行部分分摊计算。也就是说，劳动者最多是在用人单位提供的培训费用范围内承担责任，而竞业限制的违约金没有上限，因此，法官合理确定违约金数额是审理此类案件的重点，应把握的原则是：

第一，我国劳动合同法以保护劳动者为宗旨，首先是劳动者的保护法，它对劳动者是权利本位，对用人单位是义务本位，为维护市场经济的健康、

正常运行，劳动合同法对违约金的条款应进行严格的限制，防止用人单位利用违约金制度限制劳动者的择业自由权，所以法院在审理中严格把握劳动者支付违约金的幅度。

第二，数额和支付方式取决于约定，但不可明显太高，违背公平原则，因为劳动合同存在信息不对等的情况，有的虽然表面上体现了合意，但隐含着劳动者和用人单位的地位不平等，约定的违约金条款很难说是劳动者真实意思的反映，因此制定了劳动者可以在仲裁或者诉讼程序中请求酌情减少，法院在审理中应从劳动者的切身利益考虑适当调整违约金的数额。

第三，权利义务对等，必须是用人单位已经支付劳动者保密期内的特殊岗位津贴和离职后相应禁业禁止补偿金，才可要求劳动者承担相应的违约责任，否则竞业限制合同对劳动者不具有约束力。如果用人单位每月给予劳动者工资千余元，没有相关的保密岗位津贴，但约定劳动者违反保密条款或保密协议将承担百万元的违约责任，形成明显的权利义务不对等，法官可根据法律规定裁判竞业限制合同无效。

《劳动合同法》相关条款

第二十三条　用人单位与劳动者可以在劳动合同中约定保守用人单位的商业秘密和与知识产权相关的保密事项。

对负有保密义务的劳动者，用人单位可以在劳动合同或者保密协议中与劳动者约定竞业限制条款，并约定在解除或者终止劳动合同后，在竞业限制期限内按月给予劳动者经济补偿。劳动者违反竞业限制约定的，应当按照约定向用人单位支付违约金。

第二十四条　竞业限制的人员限于用人单位的高级管理人员、高级技术人员和其他负有保密义务的人员。竞业限制的范围、地域、期限由用人单位与劳动者约定，竞业限制的约定不得违反法律、法规的规定。

在解除或者终止劳动合同后，前款规定的人员到与本单位生产或者经营同类产品、从事同类业务的有竞争关系的其他用人单位，或者自己开业生产或者经营同类产品、从事同类业务的竞业限制期限，不得超过二年。

2011年2月13日

加强诉讼调解　化解社会矛盾

目前我国正处于社会矛盾凸显期、刑事犯罪的多发期、对敌斗争的复杂期、社会经济转型的特殊历史时期，利益多元化，矛盾纠纷多元化，再加上各行各业都在大阔步地改革旧体制，出现了各种各样的矛盾纠纷，由于民主法制的建设进程远远滞后于社会经济发展的速度，所以越来越多民事、商事等纠纷进入司法程序，审判机关承担的审判任务越来越繁重，涉法涉诉上访案件呈上升趋势，调解工作难度加大，这不得不引起有关部门和我们法院的深思。因此，探索如何加强诉讼调解，在新形势下化解各种社会矛盾，是法院工作的永恒主题，也是当前和今后做好法院审判工作的重中之重。

一、诉讼调解在化解社会矛盾中的地位和作用

上世纪90年代初期，全国的调解率是80%以上，从1995年以后，降到29.94%，首次低于30%，上诉率、再审率也明显提高，越级上访，进京上访闹事，各种矛盾激化现象凸显。从榆次区法院民事庭受理案件的现状看，民二、民三庭2009年共受理民商事案件410件，审结385件，审结率为93.9%；调解撤诉188件，调撤率为48.8%；2010年共受理民事案件474件，审结455

件，审结率为96%；调解撤诉188件，调撤率为41.3%，为我区的经济建设和社会稳定发挥了不可低估的作用。

诉讼调解在司法工作发展史上，不同时期体现了不同的重要地位，发挥了不同的作用。新中国成立初期即形成的“调解为主”的马锡五审判方式，是一个影响了整个人民司法史的跨世纪的审判方式。之后，在审判中形成了“依靠群众、调查研究、就地解决、调解为主”的十六字方针，近年来大家最了解的“能调则调、当判则判、调判结合、案结事了”的十六字方针，始终贯彻和体现了“调解为主”审判方式的基本精神。最高人民法院院长王胜俊在2009年7月召开的全国法院调解工作经验交流会上所作的重要讲话中强调指出：全国法院要正确认识和把握调解优先、调判结合原则的科学内涵。在审判工作中提倡和贯彻的“调解优先、调判结合”的八字方针，统领着司法审判尤其是大量的民商事审判工作。调解优先，是指调解作为一种审判方法应优于其他方法的适用，在当前形势下，要着重进行调解，同时在处理案件过程中，首先考虑用调解方式处理，并贯彻于诉讼程序的全过程，这是在司法审判中确立的以调解为主、以判决为补充的审判规则，调解优先是前提，是首选方式，但是绝不应当片面追求调解率，在当事人不愿意的情况下强迫调解，以判压调，以拖促调，而是应当在当事人不接受调解方式解决纠纷时，及时判决处理，努力在调解和判决之间寻求最佳的结合点，使之优势互补，提高审判效益，最大限度发挥诉讼调解在化解社会矛盾中的作用。

二、审判实践中诉讼调解难的问题分析

民事庭受理的案件类型主要是借款合同（金融借贷、民间借贷、小额贷款公司的借款案件）、买卖合同（材料款、经营欠款）、供热合同、建筑工程合同纠纷（主要是工程欠款案件），案件类型复杂，涉案标的大，当事人之间的关系复杂而且对立情绪严重，最终造成调解工作的难度，这些是制约民事审判调解工作的瓶颈。法院在审理案件中调解难的原因和存在的问题有以下

几方面：

1. 债权债务明确，借款人没有履行能力。

由于市场经济的因素，在金融危机的影响下产品卖不出去，卖出的产品回款率差，产供销链条、资金链条断裂，最根本的原因是最终消费者购买力不足，造成许多合同欠款纠纷的欠款人因为没有履行能力无法调解。又如金融借贷案件的债务人借款数额大，盲目投资项目经营失败，不履行合同和不完全履行合同，又没有能力偿还欠款，金融机构不能随意调解让步，所以造成了金融借贷案件调解难。债台高筑、下落不明的债务人，通过公告送达缺席判决的，无法进行调解。

2. 当事人对资金周转的需求。

借款人或欠款人由于资金周转的需要，当债权人起诉到法院后，债务人根本不接受法院的调解，而且对法院正确的判决还要上诉，目的是再拖延对方一段时间，满足其资金周转的需要。还有的当事人找理由千方百计进入再审程序，再拖住对方当事人不要进入执行程序。

3. 审判管理考核机制不科学。

一是审判管理缺少激励机制，考核机制不科学，对调解案件没有特殊的奖励措施，再加上法院案件多、人员少，没有更多的时间做耐心细致的调解工作。

二是法官的调解方法少，法官之间交流调解方法少（缺少了以前的老、中、青传帮带），调解方面的法规少，没有相关法律来保护法院的调解工作，法官在没有法律保障的情况下，调解工作有时不被当事人所认可，甚至受到当事人的责难。

三是独立审判不容易，中国是一个人情社会，人情因素非常重要，各方面的监督多，有的部门监督带有个人倾向性，再说调解的风险大，有审限的压力，没有足够的时间细致调解，有的调解后涉及案外人财产，反而引起再审程序，浪费司法资源。

4. **当事人法律意识差。**

当事人的素质参差不齐，法律知识欠缺，对案件预期没有法律支撑，很难找到平衡点，双方相互斗气，有的出于其他目的，有的是凭感觉，对法官的案件审理存有戒心，正如人们所讲，病人不和病魔作斗争，而是和医生作斗争；当事人不和对方当事人作斗争，而是和法官作斗争。有的当事人认为调解是为了尽快实现权利，是以让步为代价进行的，调解就意味着让步，所以近几年当事人形成这样的默契，不接受法院的调解。

5. **律师参与调解的积极性没有充分发挥出来。**

近年来，律师在维护社会稳定和经济建设中发挥了积极的作用，他们积极参与诉讼调解工作，主动为法院分忧解愁，在庭审中化解了大量棘手的矛盾纠纷，为人民法院提高审判工作质量作出了积极贡献。但是，由于律师制度和律师收费制度对调解没有鼓励措施，律师和当事人两方面的积极性没有调动起来，当事人对委托律师的信任度高，律师对案件的处理态度决定着当事人的态度，部分律师受经济利益的驱动，引导当事人趋利避害，给正常的诉讼调解工作造成许多困难和障碍。个别律师在诉讼中故意曲解法律，默示当事人伪造证据，误导当事人滥诉、缠诉、上访，甚至激化双方当事人之间、当事人和法官之间的矛盾，怂恿当事人不接受调解，以继续代理二审，增加法院的审判负担。再加上担心调解会影响律师的声誉，认为判决处理采纳律师的意见，会体现律师在代理案件中发挥的作用，影响当事人对律师工作的认可，所以从认识上抵制调解工作的进行。

除此之外，有的政府职能部门的领导怕惹人，认为有了矛盾就应当到法院解决，法院判什么就执行什么，不进行第一时间的基础性的调解工作，有的纯粹不发挥作用，这些矛盾进入司法程序后，反而引发了更大的矛盾，甚至有的矛盾是部分行政部门不作为引发的，其实法院和政府各部门的工作目的是一脉相承的，化解社会矛盾是全社会的事，不只是法院一个部门的事，因此各行政部门要和法院互相配合、互相支持，共同化解社会矛盾。

三、充分发挥各方面的职能作用，加强社会矛盾的调解

法院的职能是化解社会矛盾，法院的民事审判工作在经济建设和社会秩序的稳定中尽到了自己应尽的责任，律师、陪审员同法官一起共同化解各类矛盾纠纷，在过去调解各类案件中发挥了不可替代的作用，也总结了在审判实践中许多值得借鉴的调解经验。当前山西处于转型发展、跨越发展的关键时期，推进经济大发展、维护社会和谐稳定、营造良好的法制环境是每个法律人义不容辞的责任，我们必须勇于担当社会责任，完成历史交给我们的艰巨任务。

1. 构建以法院为主、三调联动的大调解格局，实现人民调解、行政调解和司法调解有效对接。

一是立案庭要建立科学合理的案件审查分流机制。对于案情简单、标的小的案件可分流到基层调委会解决；对于轻微的伤害案，尽量到所在基层派出所调解解决。在一个月内调解不了的再由法院受理，使纠纷解决资源得到合理的配置。

二是要加强对基层调解组织的指导。组织开展法律知识培训、典型案例分析、专题研究、旁听庭审等行之有效的业务指导活动，提高基层调解员的法律素质、政策水平和协调解决问题的能力，提高人民调解的质量和效果。

三是要健全三调联动衔接机制。建立诉讼调解和人民调解、行政调解相衔接的工作制度，完善调解信息交流的工作机制，需建立三调联动的大调解新机制。

2. 建立党委和政府领导下的各部门参与的多元化解决纠纷的新机制。

调动社会各方面、各部门的力量，建立壮大解决纠纷的三支力量。

一是建立由政法委矛盾纠纷排查办公室领导，各乡镇、街道矛盾纠纷排

查办公室参与的矛盾纠纷排查系统，及时报告所属辖区的矛盾纠纷的新情况、新问题，及时掌握矛盾纠纷的发生、发展的新动向，解决土地、供热、劳动争议等群众关心的热点、难点问题。

二是建立由党委和政府领导的，信访局、政法委、综治办、司法局、各乡镇街道司法所参与的矛盾纠纷解决系统，及时化解矛盾纠纷，为我区的社会治安的稳定和经济发展创造良好的环境。

三是建立政府领导下的各职能部门参与的解决企业改制方面的矛盾纠纷协调系统，各部门分工负责，互相配合，一把手负起责化解本单位、本部门的矛盾，及时将制约经济发展的各种矛盾纠纷消灭在萌芽状态。

3. 创新调解方法，强化诉讼调解。

一是加强对法官调解方法的培训。经常召开专题研讨会、经验交流会、现场会，学习交流调解经验，采取走出去、请进来等多种形式为法官提供学习调解方法的机会，根据案件情况该分清事实的必须在分清事实的基础上进行调解；有些案件不需要分清事实的，搁置争议，根据村情、民意进行调解。

二是建立院长、庭长参与调解工作制度，将调解贯穿于整个案件的全过程，充分发挥司法的能动性，办铁案、和谐案、精品案。

三是加强法律业务知识的学习，提高法官的素质。坚持学习制度，加强学术交流，提高办案质量。

四是以"人民法官为人民"活动为载体，引深各项活动，建立科学的调解考评机制，调动法官调解的积极性，开展案件评选活动，运用科学的管理机制和评价体系，对案件进行跟踪管理，把好案件质量关和案件的平衡关。土地案件为避免相反的判决，要统一研究、公开评断，为农村稳定、农民安居乐业服务好。

4. 充分发挥律师、陪审员在司法调解中的作用。

法官、律师、陪审员联动起来，不要就案办案，各自发挥自己的优势，加强民事案件的调解工作，共同化解社会矛盾。法院和司法行政部门要建立律师调解案件管理制度，鼓励律师对代理的诉讼案件进行调解处理，并对律师调解案件情况进行年度考核，形成律师积极参与诉讼调解的氛围，充分利用当事人和律师的特殊信任关系。同时，要建立律师造成上访案件的通报批评制度。陪审员是来自基层各行各业的参加案件审判合议庭的成员，由于其身份的特殊性，决定了案件当事人对其信任程度高，所以，在庭审中应当发挥其独特的作用，对案件进行调解。同时，法院对陪审员建立调解案件考核制度，全面考核每个陪审员参与案件调解的各项工作情况，每年进行通报，成为陪审员制度中的一项用人导向。

5. 尽快制定关于人民法院民事调解的规范意见。

今后法院要认真学习调解法律法规和有关文件精神，积极探索民事调解工作的新经验，搞好人民调解和诉讼调解对接的调查研究，并推广研究成果。同时，最高人民法院尽快出台进一步规范调解工作的意见。前段时间民三庭全体人员到锦纶办事处的司法办进行了调研，了解到人民调解工作在基层化解矛盾方面发挥了很大的作用，因此强化诉讼调解工作并加强指导基层人民调解工作，是法院今后工作的重点，应当引起法院系统领导的足够重视，为构建和谐社会尽职尽责。总之，只有加强调解才能缓解法院、法官的压力，实现社会效果和法律效果的统一。

2011年3月15日

法苑探析

第三篇

热点探讨

农村土地承包经营权纠纷的法律思考和建议

我国的《农村土地承包法》赋予了农民长期而有保障的土地使用权，维护了农村土地承包人的合法权益，促进了农业经济发展和农村社会稳定。近年来，国家又加大了对农业生产的投入力度，制定和出台了取消农业税等一系列惠农支农政策，极大地调动了农民的农业生产积极性。但由于过去农村土地承包经营管理不规范、配套制度不完善、执行政策不认真，引发了一系列农村土地承包经营权方面的问题，造成农村土地承包关系不稳定，产生了多种形式的矛盾纠纷，并在一定程度上影响了国家"三农"政策的实施，同时也给我区的民事审判工作带来了严峻的考验。法院在办理土地承包经营权案件时，是机械适用法律就案办案，还是服务经济社会发展大局，以追求良好的社会效果，成为法官在处理此类纠纷时必须思考的课题，也是审判实践所面临的挑战。

一、我区农村土地承包经营权纠纷案件的基本情况及类型

近年来，我区部分农民因外出打工或经商将土地流转给其他农民进行耕种，随着免除农业税的利好政策实施，加上国际金融危机对工商业的影响，

许多农民工开始返回家乡，要求收回转给别人耕种的土地，而另一方又不愿意将土地归还，由此引发了一些关于土地经营权属的纠纷，农村土地承包经营权纠纷案件呈逐年上升趋势。再加上目前农村土地承包经营权流转方面的法律规定过于笼统，操作性不强，成为我区民事审判工作的难点和重点。榆次区人民法院案件统计数字显示，2006年受理土地承包经营权案件38件，2007年受理土地承包经营权案件44件，2008年受理土地承包经营权案件56件，三年来案件数量不断增多，且平均年上诉率达到了67%。当前，农村土地承包经营权纠纷有以下几种类型：

1. 代耕代种纠纷（转包）。

代耕代种就是把耕地作为包袱转给有能力耕作或者愿意耕作的亲朋（有些不是本集体经济组织的成员）。这种情形下，一方面原土地承包人不进行耕作，免去了土地上的一切负担；另一方面，代耕人通过耕作原土地承包人的田地而获得收益，而土地承包经营权却不发生改变。当原承包人看到承包土地的预期经济利益时，有的强行要回自己的土地，引发矛盾冲突，有的诉诸法院维护自己的合法权益。

2. 农民自发进行的土地流转方面的纠纷（互换和转让）。

互换和转让导致原土地承包关系消灭，土地承包经营权改变。目前农村土地流转的现状是：本集体村民之间不按照法律规定的程序、方式，草率签订手续不规范、内容不完备、条款太简单的转让合同，双方的权利义务规定不明确，在履行过程中双方对合同的理解出现分歧、产生矛盾。

3. 集体经济组织进行的土地流转方面的纠纷。

有的集体经济组织与本集体村民通过签订以承包土地抵押担保借款的合同，非法将承包土地收回，再有偿转让他人；有的集体经济组织与退地的农民不签订正式合同，不办理承包土地的登记手续；有的集体经济组织无故收回土地承包经营权，存在法律上的漏洞，这种做法导致村民诉诸法院请求确认收回土地的行为违法或无效，并要求返还被收回的土地。

4. 征地补偿费引发的分配纠纷。

农村土地被征用后，村民因为新老户分配不均、集体成员资格等问题引发纠纷，并形成群体性诉讼案件，要求撤销村委会的分配方案，重新做出新的分配方案，这类案件也是法院遇到较为棘手的案件。

5. 土地流转费、征地补偿费家庭分割引发的纠纷。

村民对于土地流转费、征地补偿费是否属于家庭共同财产引发矛盾，因离婚、女儿出嫁、兄弟分家等要求分割“两费”而诉诸法院。

6. 土地承包经营权引发的侵权纠纷。

村民之间因承包土地发生争议，不是通过正当程序维护自己的权利，要地不成便大打出手，争地、抢地纠纷时有发生，轻者毁坏庄稼，重者造成人身伤害，后果不堪设想。

7. 土地承包经营权的继承纠纷。

村民对死亡家庭成员的土地承包经营权、承包人应得的收益能否继承、如何继承发生争议，形成继承权纠纷。

二、农村土地承包经营权纠纷形成的原因

1. 土地承包合同约定不明。

对于土地流转的年限、用途、流转土地的面积、四至界限、期限、土地增值的归属、土地被征用的补偿款归属、违约责任等约定不明确。甚至有的只是口头约定，起诉到法院由于没有证据无法认定，老百姓对判决结果不理解引起群体性上访。

2. 土地承包经营权证名不符实。

有土地承包经营权证与承包合同内容不一致的，有土地承包经营权证与实际经营人不一致的，有土地承包经营权证书之间不一致或者重复登记的，还有的村委没有把土地承包经营权证书发到承包人手中……形形色色的

情况都是引发矛盾的导火线。

3. 村集体经济组织决策人员和村民法律意识不够。

为了经济利益任意违反合同，有的村民将土地承包经营权混同为土地所有权，把土地视为私有，随意转让承包土地或自行改变土地用途，或者是擅自违反合同弃地外出，后又反悔，引发争地、抢地纠纷，村集体经济组织决策人员随意收放土地，无视法律规定，也是造成矛盾的原因。

4. 政府职能部门对农村土地承包经营工作指导不够。

农村土地承包是政策性很强的工作，具有时间跨度长、法律关系复杂、涉及农民切身利益、容易产生纠纷的特点。目前土地管理工作存在"重承包、轻管理"问题，政府对农村土地承包监管、指导不力而引起纠纷的情况时有发生，所以政府必须加强有关法律法规政策的宣传，及时做好指导和疏导工作，防止发生群体性的土地案件。

三、维护农民土地承包经营权、减少村民争议发生的几点建议

1. 派驻专门工作组深入乡村进行工作。

统一培训工作人员，成立专门工作组，深入基层，下大力气清理、整顿农村土地承包经营方面存在的突出问题，并组织乡村两级干部认真学习有关法律法规，把握农村土地承包经营工作的正确方向，切实维护农民合法权益。

2. 政府要加强农村土地承包经营合同的监管。

建立农村土地承包经营合同档案，健全农村土地承包经营权的登记制度，加强管理，加强对流转土地用途的动态监管，做到指导到位、管理到位、监督到位。同时把解决纠纷与完善土地承包合同结合起来，及时纠正当地土地流转中不规范、不合法的做法。尤其是要加强对土地流转工作的指导，根据"依法、自愿、有偿"的原则，制定完善农村土地流转的管理办法，引导、规范土地承包合同的订立和履行。

3. 建立多渠道、多元化解决农村土地纠纷的新机制。

在区党委和政府的支持协调下，建立人民调解委员会、乡镇司法所、农经办、土地办等机构，便利村民就近解决纠纷，做到早发现、早引导、早协调，第一时间把矛盾纠纷消灭在萌芽状态。

4. 建立健全乡镇农村土地承包经营合同仲裁委员会解决纠纷机制。

按照《农村土地承包法》规定，仲裁委员会下设仲裁庭负责案件的调查、审理和裁决，利用专业人才资源，简化仲裁程序，及时化解矛盾。

5. 开展巡回法庭。

建立诉讼绿色通道，对于农村土地承包经营权案件，要快立、快审、快执行，发扬"马锡武"审判方式的群众路线优势，深入群众，进村入户，就地审判，巡回办案，方便群众诉讼，减少当事人诉累，提高法院的办案效率。落实司法为民举措，完善司法救助制度，对符合条件的农村土地承包经营权案件当事人及时给予缓、减、免诉讼费用。加强法制宣传工作，努力做到"办结一起案，影响整个村"，实现法律效果和社会效果的有机统一。

《农村土地承包法》有关规定

第四条　国家依法保护农村土地承包关系的长期稳定。

第二十二条　承包合同自成立之日起生效。承包方自承包合同生效时取得土地承包经营权。

第三十一条　承包人应得的承包收益，依照继承法的规定继承。

林地承包的承包人死亡，其继承人可以在承包期内继续承包。

第三十二条　通过家庭承包取得的土地承包经营权可以依法采取转包、出租、互换、转让或者其他方式流转。

第三十三条　土地承包经营权流转应当遵循以下原则：

（一）平等协商、自愿、有偿，任何组织和个人不得强迫或者阻碍承包方进行土地承包经营权流转；

（二）不得改变土地所有权的性质和土地的农业用途；

（三）流转的期限不得超过承包期的剩余期限；

（四）受让方须有农业经营能力；

（五）在同等条件下，本集体经济组织成员享有优先权。

第三十七条　土地承包经营权采取转包、出租、互换、转让或者其他方式流转，当事人双方应当签订书面合同。采取转让方式流转的，应当经发包方同意；采取转包、出租、互换或者其他方式流转的，应当报发包方备案。

第四十九条　通过招标、拍卖、公开协商等方式承包农村土地，经依法登记取得土地承包经营权证或者林权证等证书的，其土地承包经营权可以依法采取转让、出租、入股、抵押或者其他方式流转。

第五十条　土地承包经营权通过招标、拍卖、公开协商等方式取得的，该承包人死亡，其应得的承包收益，依照继承法的规定继承；在承包期内，其继承人可以继续承包。

2009年6月5日

本文为作者榆次区政协十四届四次会议大会发言材料。

刊登于2010年2月6日“中国农经信息网”的《合同管理》栏目、山西省高院《调研专刊》2009年第4期、《晋中综治》2009年总期第4期、《晋中市综治协会简报》2009年第13期、《晋中法院简报》2009年第11期、榆次区委《榆次政研》2009年第8期、2009年6月26日《榆次时报》。

被山西省晋中市综治协会评为2009年度优秀调研文章。

供热合同纠纷的成因及对策

天气渐冷，寒冬将至，供热、取暖问题又摆上了各级政府的议事日程。供热是涉及千家万户切身利益的大事，处理得不好，不仅影响群众生活，影响政府形象，严重的引发群体性上访，破坏社会稳定。当前，晋中市城区热电联产集中供热工程正加紧进行，市、区领导为确保该项工程按期保质完工，多次安排部署，进行了不懈努力。笔者对近几年我区在供热方面发生的纠纷和存在的问题进行了分析，从法律角度就如何解决这些问题进行探讨，提出一些个人看法，希望引起各级、各部门领导的高度重视，未“冬”绸缪，共同把供热这一民生工程办好办实。

一、供热合同纠纷的特点和存在的问题

1. 供热合同的特殊性和连续性。

供用热力合同是指供方向用方供热力，用方为此支付价款的合同。这类合同是一种特殊的买卖合同，特殊性就在于热是人们生产、生活的必需品，又是由有关单位垄断供应的，这类合同一般采用定型化的标准合同，也叫格式合同，合同条款是由供方单方拟定的，用方只能决定是否同意订立合同，合

同的相关内容的决定权完全在供方，这是产生矛盾的主要原因。且合同具有连续性，正常情况下，供方连续供热，用方连续支付价款，逾期不支付价款的应当按照约定支付违约金。

2. 供热合同纠纷呈上升趋势。

据榆次区人民法院统计数字显示，2005年受理供热合同纠纷案46件，2006年受理供热合同纠纷案78件，2007年受理供热合同纠纷案88件，2008年受理供热合同纠纷案114件，而且潜在的矛盾还很多，并呈逐年上升的趋势。这些供热纠纷中，空房户为被告的，审判人员去十多次都无法送达，收到送达传票的开庭时不到庭，法院的审判力量又非常有限，有时一户欠供暖费的案件要花去审判员和执行人员十多个工作日，法院也很难承受如此之大的工作压力。

3. 供热合同纠纷群体性居多。

从近年受理的供热合同纠纷案件看，原告是物业公司或供热公司，被告是多个用热户，如好佳物业公司欠上年供暖费的多达二十多户，其中只有军分区小区的5户有记录温度、照片和物业部出具的相关情况，其他案件都是没有书面证据证明，一旦法院裁判供热方供热达标，用热户支付价款，很可能使用热户不满意，抵触情绪很大，引起群体性上访。相反，如果判决供热方供热不达标，用热户都不交或少交供热费，供热企业在激烈的市场竞争中很难承受原材料煤和劳动力上涨的压力。所以说，审理供热案件很难兼顾社会效果和法律效果的统一。

二、供热合同纠纷产生的原因

1. 合同约定不明确或根本没有签订合同。

从我区人民法院审理的供热纠纷案件看，大部分供热单位和用热户之间没有签订供热合同，这就使双方的权利义务处于不明确状态，供热单位都以区政府物价局的文件规定作为供热服务的标准和收费依据，而用热户只是被动地接受事实上的供热服务，从不要求与供热单位签订合同，细化供热服务的标准、采暖面积的测算、费用的收取、管网的维修、供热温度的测量及违约责任的承担等。当供热服务有瑕疵时，用热户拒绝交费却没有确实的依据，形成纠纷起诉到法院，法院由于没有合同约定，处理起案件就会非常被动。

2. 供热服务不规范，服务质量难认定。

供热行业目前没有较规范的行业标准，当用热户认为服务不到位或者供热不达标时，供热企业没有行之有效的办法固定证据，用热户的证据五花八门，证据效力差，法院不能作为定案的依据。请公证机关证据保全是有效的证据，但费用和供热费差不多，所以用热户几乎没有去找公证机关证据保全的。除此之外，还有大多数用户明知供热不达标，用法律手段保护自己合法权益的意识不强，或者说不愿意惹麻烦，听之任之。

3. 供热公司的公共服务性和营利性界限模糊。

供热是公共服务性、涉及国计民生的事业，本应不受市场因素影响，但目前市场对供热公司的影响很大，比如供热市场原煤价格的波动、劳动力市场价格的增大、经营成本核算等因素的影响，直接导致供暖费用价格的上涨。供热设备参差不齐，有些国有企业的宿舍年久失修，保暖层失效，管道设施损坏，无法维修，也是造成供热矛盾产生的原因。

三、处理供热合同纠纷的对策

1. 设立业主大会或选举业主委员会，协助做好供热工作。

《物权法》第七十五条规定，业主可以设立业主大会，选举业主委员会。地方人民政府有关部门应当对设立业主大会和选举业主委员会给予指导和协助。《物业管理条例》对设立业主大会或选举业主委员会也作了具体规定，业主大会可以制定和修改业主大会规则和管理制度，搞好本小区的公共事业，缓解当前的突出矛盾，维护本小区的利益，而且还可以配合政府做好市城区热电联产集中供热的各项工作。

2. 制定供热管理办法，使供热工作有章可循。

《合同法》第一百八十四条规定，供用水、供用气、供用热力合同，参照供用电合同的有关规定。《物业管理条例》第四十五条规定，物业管理区域内，供水、供电、供气、供热、通讯、有线电视等单位应当向最终用户收取有关费用。物业管理企业接受委托代收前款费用的，不得向业主收取手续费等额外费用。因此说，供热工作的相关法律少之又少，没有具体的法律来调整，只有较大的地市可制定相关的实施条例，而我们晋中市只能制定供热工作实施办法或细则，弥补供热领域中的法律空白，以解燃眉之急，尽早规范供热市场。

3. 排查供热中的突出矛盾，及早解决存在的问题。

各街道办事处近期组织社区对辖区的单位、小区的供热准备情况进行逐一排查，对具备加入热电联产集中供热条件的用户，尽快办理相关事宜；对已纳入集中供热的单位、小区做好前期准备和供暖费用的收取工作；对于单位自建锅炉供热的，尽快进行自检维修和燃料购进，确保小区按时供热；对于单位转包给个人进行供热的，应规范经营行为，防止转包合同纠纷的发生，同时，各社区要将排查情况第一时间逐级上报，政府有关部门梳理存在问题，进行分类指导，防患于未然。

4. 规范供热市场，提高供热服务质量。

政府有关部门指导供热企业规范合同文本和经营行为，严格执行国家最低供暖标准，即居住空间的供暖设计温度为18℃，并与用热户签订权利义务相一致的合同，按照国家规范要求，为用户提供优质服务。建设部门要加强对供热企业的管理，同时加强对供热合同的监管，减少供热中的突出矛盾，避免供热合同纠纷的发生。

5. 逐步实行单户独立供暖方式，从根本上解决供热问题。

建设部门进一步探索有效的单户独立供暖技术，解决户与户之间的热传递因素。逐步实现供暖、节能、方便生活于一体的供暖方式，并纳入建设部门的设计规划中，彻底解决供暖中存在的各种问题。

6. 充分发挥审判职能，快审快结供热合同纠纷案件。

法院受理供热合同纠纷案件后，要耐心细致地做当事人工作，能调解的尽量调解，缓解当事人双方的对立情绪，及时审结，避免当事人之间的矛盾激化。

2009 年 9 月 22 日

本文刊登于《山西审判》2010 年第 1 期、《晋中综治》2009 年总期第 5 期、晋中市委《晋中信息》2009 年增刊第 41 期、《晋中法院简报》2009 年第 24 期。

被山西省晋中市综治协会评为 2009 年度优秀调研文章。

交通肇事案的法律思考及对策

前段时间，我参加了区政协组织的对乌金山镇残疾人危房改造工作视察活动，发现这些残疾人中三分之二是因交通事故所致，他们因得不到应有的治疗和赔偿，生活非常困难，政府补贴资金为他们盖起了新房，生活才有了着落。这些发生在我们身边的悲剧让人触目惊心，引发了各位政协委员的思考。我作为一名政协委员，就近年来我市交通事故的发生和案件受理情况进行初步分析，对如何有效遏制交通事故高发态势提出一些相应的对策，希望以此引起有关部门和人士的高度重视，自觉遵守交通规则，杜绝交通事故的发生，造福人民群众。

一、交通肇事频发的原因

据晋中交警交通事故处理大队统计，2007年共发生交通事故1013起（其中死亡事故59起，61人；受伤事故的193起，255人），调解处理206起；2008年共发生交通事故1396起（其中死亡事故59起，62人；受伤事故216起，261人），调解处理194起；2009年共发生交通事故1421起（其中死亡事故46起，47人；受伤事故198起，237人），调解处理188起。

据榆次区人民法院统计，刑事庭2007年受理交通肇事案88件，涉案90人；2008年受理交通肇事案24件，涉案25人；2009年受理交通肇事案42件，涉案42人。民事庭2007年受理交通事故人身损害赔偿案177件，2008年受理交通事故人身损害赔偿案69件，2009年受理交通事故人身损害赔偿案79件。

造成交通事故的原因很多，有驾驶人主观上的安全意识差、超速超载行车、违章驾驶、麻痹大意；客观上道路状况不良、缺少必要的道路安全措施、交通部门管理不到位等等。电动车、自行车速度过快，不按交通规则行车，也是交通事故多发的原因之一。除此之外，还有以下几方面的原因不可忽视：

1. 酒后驾驶造成的交通事故。

据统计，从1994年到2004年，我国每年因车祸死亡的人数都在40万人以上，受伤人数高达200万人，其中有不少导致终身残疾，财产损失亿万元以上，其中有近50%属于酒后驾驶引起的，2008年因超速行驶、酒后驾驶等造成死亡的人数约占交通事故死亡总数的45%。据公安部交通局副局长刘钊介绍，酒后禁驾以来，全国共查处酒后驾驶违法行为30.4万起，酒后驾驶导致的交通事故比去年同期下降近40%。我市开展集中整治酒后驾车行动以来，共查处酒后驾驶违法行为98起，醉酒驾驶违法行为11起。酒后驾驶导致的交通事故对社会的危害性很大，给社会和群众造成不可挽回的损失。

2. 农村道路和农用车是农村交通事故多发的薄弱点。

农村道路标准低、不规范，农用车无牌、无证、无保险，驾驶人员无任何防护措施，没有参加过任何专业培训，不懂得交通安全法规和交通安全知识，往往是交通事故的受害者，同时也是肇事者。再加上搭乘人员的无知，多死多伤的交通事故时有发生。这类案件诉讼到法院，处理时难度很大，没有保险金的保障，肇事者的赔偿能力差或没有赔偿能力，甚至有的肇事者逃逸，受害人得不到应有的赔偿，出现各种各样的闹剧，给政府带来了很大麻烦，法院的判决也不好执行，影响政府在老百姓心目中的形象。

3. 交通法律法规的局限性和滞后性。

与发达国家相比，我国对酒后驾驶和肇事逃逸处罚过轻，国外多数国家都是立法上从严，规定了严厉的法律责任。我国关于交通安全的法律法规不严不细，即使有法律规定，实际操作起来空间很大，往往执法人员对交通肇事危害性认识不够，执法中灵活性和原则性相结合，对肇事者从轻处罚，所以不能形成良性循环，酒后驾驶和肇事逃逸屡禁不止。再加上有些不适应的法律法规不及时修改，也是制约交通部门严格执法的瓶颈。

二、交通肇事的法律后果

1. 交通肇事的刑事法律后果。

违反交通运输管理法规，因而发生重大事故，致人重伤、死亡或者使公私财产遭受重大损失的构成交通肇事罪，判处拘役或有期徒刑，并附带民事赔偿。如2008年9月1日，被告郑某驾驶改装拖拉机行至榆次思凤街与花园路丁字路口时，与武某骑的电动车相撞，造成武某当场死亡，被告负主要责任，赔偿被害人经济损失14.5万元，被判处有期徒刑。如果以危险方法致人重伤、死亡或者使公私财产遭受重大损失的，判处10年以上有期徒刑、无期徒刑或者死刑。这意味着以酒后驾驶的危险方法致人死亡的可判至死刑。南京“6·30”特大醉驾肇事5死4伤，被告张明宝以危险方法危害公共安全罪一审被判无期徒刑，剥夺政治权利终身。成都孙伟铭醉驾肇事4死1伤，一审判处死刑，二审改判无期徒刑。

《公务员法》规定：受过刑事处罚的不得录用为公务员。《行政机关公务员条例》规定：公务员依法被判处刑罚的，给予开除处分。这意味着公务员被判处有期徒刑或者缓刑就会被开除公职。

2. 交通事故的民事法律后果。

根据《民法通则》和最高人民法院关于审理人身损害赔偿案件适用法

律若干问题的解释，正确划分交通事故民事赔偿责任，妥善处理民事赔偿。根据道路交通事故处理的有关规定，负交通事故全部责任的，承担100%的损害赔偿责任，负主要责任的承担60%至80%，负同等责任的承担50%，负次要责任的承担20%至40%的赔偿责任。如原告段某诉被告郭某交通事故人身损害案，2008年4月的一天，被告驾驶的无证摩托车与原告骑的自行车相撞，造成原告十级伤残，交警队认定被告负主要责任，判决被告赔偿原告医药费、残疾补偿费、营养费、伙食补助费、护理费、精神损害费共计4.1万元。

根据《中华人民共和国刑事诉讼法》第七十七条第一款的规定："被害人由于被告人的犯罪行为而遭受物质损失的，在刑事诉讼过程中，有权提起附带民事诉讼。""被害人提起附带民事诉讼仅限人身损害赔偿和财产损害赔偿。"也就是说，刑事附带民事案件不能提起精神损害的赔偿，只有在民事诉讼中被害人可以提起精神损害赔偿。

3. **酒后代驾的法律问题。**

由于酒后禁驾影响到一些酒店的生意，大中型酒店都有了"提供酒后代驾服务"的提示，确保自身利益不受损失，因此产生一些相关法律问题。

一是代驾人的资格审查，是否有驾驶证、驾驶证真实性、身份证明及真实性、谁承担审查责任、谁对带来的法律后果承担法律责任等。

二是汽车所有人的人身和财产安全。醉酒者在不知情的情况下，自己贵重财物掌控在代驾人手中，包括购置车辆的手续、重要物品，发生问题怎么办？需要签订什么样的合同？是与公司还是与代驾人签订合同？人身和财产安全谁来承担法律后果？

三是代驾人发生交通事故的处理。代驾人发生交通事故如何处理，谁来承担经济责任和刑事责任，代驾人造成损害谁赔偿……一系列法律问题无法解决，因此选择代驾要慎重考虑，三思而后行。

三、遏止交通事故的对策

1. 交通部门建立健全辖区排查交通安全隐患工作机制。

首先，交通部门积极依靠当地政府成立预防交通事故领导组，形成区、乡（镇）、村（社区）三级联管联动长效机制，对辖区的交通安全隐患经常排查，及时报告，随时排除可能发生的交通隐患，建立突发性交通事故预警机制，减少连环交通事故的发生。

其次，加大路面巡逻的密度，对安全隐患多、人口密集的城区和高速路、管理薄弱及事故多发地、重点路段进行重点防范，做到早发现、早报告、早应对、早处置，把损失降低到最小限度。

第三，积极开展农村道路交通安全整治活动，加大农村道路和农用车管理力度，有效预防和减少农村道路交通事故的发生。

第四，严格管理驾驶证的申领程序，严格驾驶培训，提高驾驶技能，采取公开、公正、公平的原则，严格按照规定程序领取驾驶证，杜绝暗箱操作的现象，从源头上治理交通事故的发生。

第五，加大违法行为的查处力度，推进酒驾整治工作经常化、制度化，建立健全严格查处酒后驾驶的长效机制，坚决打击酒后驾驶，遏止酒驾交通事故的发生。

2. 加强交通安全法制宣传和教育。

一是利用电视、广播、报纸、网络加大舆论宣传力度，营造浓厚的交通安全宣传教育氛围，提高全民的交通法制意识、交通安全意识、交通文明意识，告诫每一位群众要远离事故，珍爱生命，平安出行，牢记血的教训，时刻敲响安全行车的警钟。

二是加强对驾驶人的安全教育、法制教育和职业道德教育。我国机动车驾驶人近2亿人，并以每年1600多万人的速度增长，加强驾驶人交通安全法律法规、交通安全知识的培训非常重要，培养驾驶人以人为本的良好职业道德，使广大驾驶人树立起“开车不喝酒，喝酒不开车”的意识，最终达到主动遵守交通法律法规的目的。

三是增强中小学生的交通安全意识和交通文明素质。建立学校、社会、家庭三位一体的中小学生交通安全教育机制，学校要开展安全教育进课堂活动，使交通安全知识深入人心，将安全知识贯彻到每个家庭中，提高学生的自我保护意识和能力。同时，规范校前交通标志、交通设施，加强上下学高峰期的交通管理，确保师生出入学校的安全，预防和减少中小学生交通事故的发生。

3. 建立交警、法院、保险为一体的快速处理交通事故的机制。

以便民利民为出发点，成立交通事故快速处理中心，一条龙服务模式，并将调解工作贯穿于办理案件的全过程。交通部门在发生交通事故的第一时间快速出警，及时处置，耐心调解，调解不成及时做出责任认定。法院可以派出法庭以简易程序快速裁判结果，保险公司按判决内容及时赔付。特别是对外地当事人要尽量减少程序带来的烦琐，为当事人提供便利条件。对于构成犯罪的，不枉不纵，宽严相济，既打击犯罪，又要有效、及时地保护受害人的权益，让受害人及时得到应有的赔偿。司法部门特别要加大打击酒驾肇事、肇事逃逸案件的力度，使交通管理形成良性循环。

4. 建立道路交通事故纠纷民调机构和救助基金会。

根据山西省司法厅、省公安厅和省保监局的通知精神，建立道路交通事故纠纷人民调解委员会。在交通事故认定书生效后，为当事人免费调解纠纷，达成的调解协议具有民事合同性质，双方当事人应自觉履行，当事人不履行的，起诉至法院要求履行或申请强制执行。调解不成的一个月后起诉法院通过诉讼渠道解决。

《道路交通事故社会救助基金管理试行办法》将于2010年1月1日起施行，尽快建立道路交通事故社会救助基金会，有利于解决交通肇事逃逸案和未参加交强险案中被害人的赔偿问题。

相关法律规定

《刑法》第一百三十三条规定：违反交通运输管理法规，因而发生重大事故，致人重伤、死亡或者使公私财产遭受重大损失的，处三年以下有期徒刑或者拘役；交通运输肇事后逃逸或者有其他特别恶劣情节的，处三年以上七年以下有期徒刑；因逃逸致人死亡的，处七年以上有期徒刑。

《刑法》第一百一十五条规定：放火、决水、爆炸、投毒或者以其他危险方法致人重伤、死亡或者使公私财产遭受重大损失的，处十年以上有期徒刑、无期徒刑或者死刑。

过失犯前款罪的，处三年以上七年以下有期徒刑；情节较轻的，处三年以下有期徒刑或者拘役。

《公务员法》第二十四条规定，下列人员不得录用为公务员：

（一）曾因犯罪受过刑事处罚的；

（二）曾被开除公职的；

（三）有法律规定不得录用为公务员的其他情形的。

《行政机关公务员处分条例》第十七条规定：违法违纪的行政机关公务员在行政机关对其作出处分决定前，已经依法被判处刑罚、罢免、免职或者已经辞去领导职务，依法应当给予处分的，由行政机关根据其违法违纪事实，给予处分。

行政机关公务员依法被判处刑罚的，给予开除处分。

《民法通则》第一百一十九条规定：侵害公民身体造成伤害的，应当赔偿医疗费、因误工减少的收入、残废者生活补助费等费用；造成死亡的，并应当支付丧葬费、死者生前扶养的人必要的生活费等费用。

四个一律：四个一律是《道路交通安全法》中的法定处罚上限。对饮酒后驾驶机动车的，一律暂扣驾驶证3个月；对醉酒后驾驶机动车的，一律拘留15日，暂扣驾驶证6个月；对一年内两次醉酒驾驶的，一律吊销驾驶证，2年内不得重新取得驾驶证，属营运驾驶员的，5年内不得驾驶营运车辆；法律法规规定有罚款处罚的，一律从重处罚。

2009年12月30日

本文刊登于《山西政法》2010年第3期、《山西审判》2010年第3期、《晋中审判》2010年第2期、《晋中政法动态》2010年第16期、《晋中法院简报》2010年第2期、《晋中综治》2010年总期第6期、晋中《政协信息》专刊2010年第53期、2010年8月12日《榆次时报》（节选）。

医疗损害赔偿案件审理中存在问题分析

随着人们法律意识和自我保护意识的增强，医患双方医疗损害赔偿纠纷的数量日趋增多，各种形式的“医闹”现象时有发生，冲击医院、干扰医疗机构的正常工作秩序，社会影响面大，社会关注程度高。患方要求赔偿数额逐渐提高，医方很难满足其过高要求，卫生行政部门调解解决纠纷难度也非常大，最终走向法庭通过诉讼形式解决纠纷。法院在审理此类案件中，由于医疗损害赔偿方面的法律法规与医疗工作的现状存在许多脱节和不适应的现象，法官也很难把握案件尺度，因此医疗损害赔偿案件是侵权损害赔偿案件中最难处理、最棘手的问题，必须引起全社会、各部门的高度重视，尽快采取积极有效的措施，解决医疗损害赔偿案件中存在的问题，减少和避免医疗纠纷的发生，构建和谐的医患关系。

一、医疗损害赔偿案件的现状和产生原因分析

据榆次区人民法院案件受理情况的统计，2007年民事庭受理医疗纠纷案件9件，2008年民事庭受理医疗纠纷案件5件，2009年民事庭受理医疗纠纷案件3件。从近几年法院受理医疗损害赔偿案件的情况看，有逐年下

降的趋势，而且占民事案件总数比例不是很大。但从全国发生的医疗损害赔偿纠纷的情况看，每年发生逾百万起，平均每年每家医疗机构发生纠纷的数量在40起左右，尤其近几年呈上升趋势。所以，如何正确处理医患关系，防范医疗法律风险，是有关部门研究和探讨的重要课题。现就法院审理的医疗损害赔偿案件发生的原因进行分析，希望有关部门从中吸取教训，防患于未然。

1. 因医疗事故引发的医疗损害赔偿纠纷。

《医疗事故处理条例》第二条规定：医疗事故是指医疗机构及其医务人员在医疗活动中，违反医疗卫生管理法律、行政法规、部门规章和诊疗护理规范、常规，过失造成患者人身损害的事故。如王某诉某医院医疗事故赔偿纠纷一案，原告意外从高处坠落，造成多处骨折住进该院，由于手术失误、漏诊等原因，原告不但没有治愈，反而造成多处严重损害，故请求法院判决医院赔偿原告因医疗事故造成的损失，承担原告已经花去的医疗费1.5万元，并支付今后的治疗费15万元。又如张某于2006年5月10日在某医院做左髋关节置换术失误，经鉴定构成四级医疗事故、六级伤残，原告起诉要求医院赔偿医疗费、陪侍费、精神损失费等21.7万元。

2. 因医疗过错引发的医疗损害赔偿纠纷。

最高人民法院关于参照《医疗事故处理条例》审理医疗纠纷民事案件的通知规定，因医疗事故以外的原因引起的其他医疗赔偿纠纷，适用民法通则的规定。因此，构不成医疗事故的医疗纠纷按照一般医疗损害（医疗过错）确定案由。如李某于2004年4月因消化道肿瘤住院治疗，做了肿瘤切除术后家属发现，手术结算单上增加了切除胆囊、半结肠手术费，医院违反了告知患者的义务，在做消化道肿瘤手术时多切除了器官，原告以侵害患者的健康权和家属的知情权为由，要求医院赔偿其住院费、误工费、精神损失费、住院伙食补助等费共计10万元。

3. 因医疗合同纠纷引发的医疗损害赔偿案件。

因欠医疗费、缴纳住院押金、未治好病退治疗费等违反合同引发的医疗损害赔偿纠纷，按照《合同法》规定的违约责任原理处理。如原告陈某诉某医院合同纠纷一案，原告因病住院治疗，该医院科室主任承诺不收其住院期间的一切费用，并提供一份加盖医院公章的“不收其住院费”的书面材料，故原告请求法院判决医院退还原告已交的住院费用。又如王某诉某医院合同纠纷一案，王某于2008年1月31日因冠心病住该院，当日医院下了病危通知书，但迟迟拿不出治疗方案，十八天后病人无奈转院做了支架手术，事后得知不及时做手术的原因是该医院的照影机坏了，因此王某诉该医院赔偿服务费15 458元（双倍手术费）。

4. 其他医疗机构发生的医疗损害赔偿纠纷。

其他医疗机构是指社区卫生服务中心、卫生院、诊所、卫生所、医务室等。由于这些医疗机构大多都存在于偏远的乡村、城乡结合部，临床实验室不足，硬件水平和医生的医疗水平参差不齐，大医院与基层医疗服务机构之间不能资源共享，这是造成此类医疗机构发生医疗纠纷多的主要原因。如张某在某村卫生所因感冒于2005年12月26日就诊，输液时未做皮试，回家后出现疱疹，后因脏器功能衰竭死亡。上级医院诊断张某是药疹导致脏器功能衰竭死亡，但张某的家人和该村卫生所双方对处方上药物匹配、服药和就诊的时间顺序、死者是否过敏体质、鉴定结果等有争议，达不成协议起诉到法院，张某的家人请求村卫生所赔偿各种费用13万元。

5. 其他原因引发的医疗损害赔偿纠纷。

在医院由于收诊、诊治等以外原因导致患者受到损害的，比如因医疗设施、医疗器械、就诊时受到的人身损害，为了强化医院的责任，按照医疗损害的有关规定处理，而不按照医疗器械产品质量问题和一般人身损害进行处理。如王某于2007年7月18日在某医院体检时摔倒，经鉴定构成十级伤残，因此，王某请求法院判决医院赔偿医疗损害的医疗费、误工费等各项费用21 390.4元。

二、审理医疗损害赔偿案件存在问题分析

1. 医疗损害赔偿法律适用和鉴定的二元化。

医疗损害赔偿案件根据当事人的立案的案由，适用的法律不同，赔偿的结果也不同。当事人请求医疗事故损害赔偿的，适用《医疗事故处理条例》确定的损害赔偿项目和数额，而《医疗事故处理条例》规定，患者只有鉴定构成医疗事故的才可请求损害赔偿。当事人请求一般医疗损害赔偿的，适用《民法通则》和《人身损害司法解释》的规定确定损害赔偿项目和数额。医疗损害赔偿案件适用的两种法律依据和两种救助渠道。

《侵权责任法》规定，在医疗侵权民事责任中不再使用医疗事故的概念，将医疗纠纷划分为医疗损害赔偿纠纷和医疗服务合同纠纷。如果原告选择前者，那么法院适用侵权责任原理来审理案件，选择后者适用合同责任原理来审理案件。医疗事故的鉴定由所在地的医学会组织医疗事故技术鉴定，因医疗事故以外的原因引起的医疗赔偿纠纷（医疗过错）的鉴定，根据《人民法院对外委托司法鉴定管理规定》组织司法鉴定。两种鉴定机制造成鉴定结论的不一致，这种二元化鉴定体制造成法院审理此类案件的难度，影响了法律制度的统一和法制权威。

最近最高人民法院发出关于适用《侵权责任法》若干问题的通知规定，审理民事纠纷案件按照程序组织司法鉴定，这意味着鉴定机制将趋于统一。

2. 法院认定病历的难度。

鉴定机构对医疗损害是否构成医疗事故和因果关系的鉴定，必须依据最原始的病历资料进行鉴定，但医疗纠纷案件往往是医患双方对病历的真假存有争议，如有的患者提出病历缺页、缺项（缺医嘱执行单、缺少手术同意书），甚至有明显篡改、添加的痕迹，缺少医生的签字、与患者复印的病历

不一致等情况，法院对原被告双方提供的完全不同的病历无法做出科学判断，而鉴定机构要求十分严格，不接受法院提供的有争议的病历，要求法院书面确定作为鉴定材料的病历，矛盾双方的争议焦点指向法院，法院没有可依据的法律和技术手段认定病历的真假。如一起医疗侵权赔偿案，该医院提出申请对医疗损害事实进行鉴定，法院组织原被告双方对病历材料进行质证，并按照相关规定将鉴定所需材料、病历提交中级人民法院委托鉴定，后中院书面通知本院，由于本案患方对医方病历有异议，省医疗事故技术鉴定工作办公室决定不予受理。因此说，法院办理医疗纠纷案件风险大，承受的压力大，审理的难度也大，而认定病历是法院最大的压力，法院不认定或者说是无法认定病历的真假，患者都是大吵大闹，致使案件无法进入实质审理阶段。

3. 法院证据采信的难度。

医疗损害赔偿案件的原始材料专业术语多，医生的字迹潦草，法官从双方提供的证据材料难以判断的专业问题必须依靠鉴定结论，而鉴定机制和标准不同给法官证据采信带来很大的难度。

一是鉴定的公正性问题。按照卫生部的规定，医学会的鉴定专家应在本辖区请各医院的医生，这些医生由当地卫生行政机关管理，产生了本地的医生参与本地医院的医疗事故鉴定，形成你给我鉴定，我给你鉴定，客观上鉴定成医疗事故还影响医院的等级评定和医生的前途，而且医生的晋级、职称都在地方卫生行政机关管理，因此在实践中，90%以上的医疗纠纷构不成医疗事故。由于医疗事故鉴定机构的体制方面存在诸多问题，影响了鉴定的客观性和公正性，造成法官采信证据的难度。

二是鉴定结论的过错程度问题。比如有的鉴定结论提到“诊疗行为虽没有大的差错，但存在不规范的地方”，患者认为不规范就是医疗过错，过错就要赔偿，但法院不好认定不规范的程度、医疗过错的大小、是否达到赔偿的程度。又如违反告知义务的问题，导致患者损害的程度、增加费用的多少、造成患者的痛苦程度，很难认定医院是否承担赔偿责任或承担多少责任，因此医疗过错的程度很难把握。

三是鉴定部门的鉴定标准问题。鉴定结论的标准不统一，没有严格的时效限制，有些鉴定机构随意性强，鉴定结论不客观，鉴定人员又不出庭质证，再加上鉴定没有监督机制，当事人不满意鉴定结论就多次申请重新鉴定，多次鉴定多种鉴定结果，证出多门。再加上专家的认知程度的不同，进而加剧了患者对鉴定的不信任，引起当事人对判决结果的不满意。

4. 法院举证责任划分的难度。

因证据的证明力导致争议事实难以认定的，人民法院应当依据举证责任分配的规则做出裁判。2001年出台的《民事诉讼证据规则》第四条第一款规定，因医疗行为引起的侵权诉讼，由医疗机构就医疗行为与损害结果之间不存在因果关系及不存在医疗过错承担举证责任。也就是说，审理医疗损害赔偿案件的举证责任是医疗过错和因果关系双重倒置，患者只需证明存在医疗关系和损害后果，因果关系和损害过错的举证由医院承担，医院对举证责任倒置的意见很大，认为他们是一种特殊机构，提供的是一种风险服务，带有社会福利性质，而且医学是实践性学科，只有不断实践才能提高，让他们承担更多的责任不利于医学向前发展，对举证责任倒置问题一直争论不休。

近年来，最高人民法院的法官和学者提出医疗事故举证责任转移的意见，不再说举证责任倒置，内容是原告提出基本证据的情况下，看能不能达到初步证明的程度，如果能够证明基本事实的存在，举证责任就转移到医院方面，这样才减轻了医院的举证责任，明确了医院的抗辩权，暂时缓解了医院举证责任的双重倒置问题。

2002年，卫生部门出台了《医疗事故处理条例》，这对于民事诉讼证据规则来说是极大的挑战。其部门利益色彩浓厚，该行政条例规定，不属于医疗事故的医疗机构不承担赔偿责任。也就是说，只有构成医疗事故医院才承担责任，排除了一般医疗侵权，从一个极端走向另一个极端，而在现实中不赔偿根本化解不了医患双方的矛盾。

三、解决问题的途径

（一）依法行医方面

1. 树立依法行医的意识。

医疗机构加强对医务人员进行医疗卫生管理法律、行政法规、部门规章的培训，将法律知识的学习与诊疗护理规范、护理常规和医疗服务职业道德教育结合起来，将依法行医作为考核医务人员的一项重要内容来抓，增强医务人员的依法行医的意识，转变观念，将依法行医的理念真正融入医务人员的医疗行为的全过程，医疗机构从根本上最大限度地防范和减少医患纠纷的发生。

2. 依法书写医疗文书。

医疗文书是患者的医疗档案，是医务人员医疗行为及过程的客观记录与文字见证，是发生医疗纠纷医院承担不承担责任的重要证据，因此医疗文书必须准确、及时依法书写。因抢救急危患者，未能及时书写病历的，有关医务人员应当在抢救结束后 6 小时内据实补记，并加以注明。同时，按照国务院卫生行政部门规定的要求，依法保管病历资料，杜绝涂改、伪造、隐匿、销毁或者抢夺病历资料，否则医院在诉讼过程中承担败诉的后果。特别是要依法规范乡村医院的医疗行为，减少乡村卫生院因输液引发的医患纠纷。

3. 医务人员依法行使告知义务。

从近几年发生医疗纠纷的情况看，由于医务人员没有正确行使告知义务，无论是做手术还是治疗，当产生对患者不利的治疗后果时，患方都以没有及时告知患者医疗行为可能发生的风险为由，要求医院赔偿所造成的损失。所以，医疗机构及其医务人员在医疗活动中，应当按照有关法律法规的要求，及时将患者的病情、即将采取的医疗措施、可能发生的医疗风险等如实告知患者或者患者的家属，及时解答他们提出的各种疑问，履行好医方的告知义务，以免发生纠纷时因小失大。

（二）加强立法方面

1. 加快医疗事故处理法律法规的制定。

现阶段由于没有出台专门的有关处理医疗纠纷案件的法律法规，法院审理此类案件无所适从，最高人民法院只好下发了关于参照《医疗事故处理条例》审理医疗纠纷民事案件的通知，依据行政管理法规来处理医疗事故，该行政法规起到了法律的作用，对民事法律关系进行调整，随着侵权责任法的颁布，尽快出台调整医患关系的专门法律和医疗损害赔偿标准，同时制定医疗损害的举证责任分配制度和认定病历的具体规定。

2. 建立科学的医疗损害鉴定机制。

鉴定机制的二元化问题严重影响鉴定结论的公正性和实用性，建立科学的鉴定运行机制，制定统一的鉴定标准和合理的收费标准，提高鉴定结论的质量和效率，为化解医患双方矛盾做出客观公正的鉴定结论。同时要制定鉴定监督机制和错误鉴定追究机制，对做出错误鉴定的鉴定人实行错案追究制度，提高当事人对鉴定结论的可信程度，维护法制的权威。

3. 完善鉴定人出庭质证的法律制度。

医疗损害的鉴定专业性很强，再加上鉴定人员法律知识的欠缺，很难做到鉴定结论的医学方面和法学方面的有机统一。鉴定人出庭质证是处理医疗纠纷案件很重要的环节，根据最高人民法院的有关规定，鉴定人应当出庭接受当事人质询，但在审判实践中，鉴定人的出庭率几乎为零，当事人对鉴定结论专业方面的异议得不到解答，造成当事人的多次申请重新鉴定，因此制定明确的具有可操作性的鉴定人出庭制度，以及不出庭应当承担法律责任的制度，实现鉴定结论的科学性和法律性的统一。

（三）法院审理案件方面

1. 严厉打击非法行医。

对于非法行医，造成患者人身损害严重后果的，不属于医疗事故的，触犯刑律的，依法追究刑事责任；对于寻衅滋事、抢夺病历资料，扰乱医疗机构正常医疗秩序和医疗事故技术鉴定工作，依照刑法关于扰乱社会秩序罪的规定，依法追究刑事责任。人民法院要加大对非法行医的打击力度，对于构成刑事犯罪的坚决予以严惩。同时引导老百姓远离非法诊所、非法医生，大力宣传非法行医对生命健康的危害，避免医疗事故案件的悲剧发生。

2. 严格审查立案的案由。

法官正确认识医疗事故损害赔偿、医疗过错损害赔偿和医疗合同纠纷的概念，在立案和审理中严格把握，绝不能混淆。因为医疗事故的概念小于医疗过错的概念，医疗合同纠纷是由于违反合同约定产生的纠纷，所以审理医疗纠纷案件时对立案的案由必须严格审查，立什么案由，法院在审理和判决时适用什么法律，同时适用什么举证责任分配办法，绝不可将几个概念搅和在一起，在当事人未变更诉讼请求的情况下，将不同案由适用同一种法律来审理。

3. 严格划分举证责任。

根据民事诉讼法、侵权责任法的有关规定确定举证责任。如患者抢病历，妨碍医院申请鉴定的，患者承担不利的后果；医院涂改、伪造、隐匿、销毁病历资料的，医方承担不利的后果。做手术没做好患者要求退费是合同服务纠纷，需患者证明合同关系，证明对方违约，证明与损害之间有一定的联系。患者说病历是假的，法院经过对比没有问题，患者承担假的举证责任。总之，不能将举证责任都由医院承担。

《侵权责任法》相关条款

第五十四条　患者在诊疗活动中受到损害，医疗机构及其医务人员有过错的，由医疗机构承担赔偿责任。

第五十五条　医务人员在诊疗活动中应当向患者说明病情和医疗措施。需要实施手术、特殊检查、特殊治疗的，医务人员应当及时向患者说明医疗风险、替代医疗方案等情况，并取得其书面同意；不宜向患者说明的，应当向患者的近亲属说明，并取得其书面同意。

医务人员未尽到前款义务，造成患者损害的，医疗机构应当承担赔偿责任。

第五十六条　因抢救生命垂危的患者等紧急情况，不能取得患者或者其近亲属意见的，经医疗机构负责人或者授权的负责人批准，可以立即实施相应的医疗措施。

第五十七条　医务人员在诊疗活动中未尽到与当时的医疗水平相应的诊疗义务，造成患者损害的，医疗机构应当承担赔偿责任。

第五十八条　患者有损害，因下列情形之一的，推定医疗机构有过错：

（一）违反法律、行政法规、规章以及其他有关诊疗规范的规定；

（二）隐匿或者拒绝提供与纠纷有关的病历资料；

（三）伪造、篡改或者销毁病历资料。

第五十九条　因药品、消毒药剂、医疗器械的缺陷，或者输入不合格的血液造成患者损害的，患者可以向生产者或者血液提供机构请求赔偿，也可以向医疗机构请求赔偿。患者向医疗机构请求赔偿的，医疗机构赔偿后，有权向负有责任的生产者或者血液提供机构追偿。

第六十条　患者有损害，因下列情形之一的，医疗机构不承担赔偿责任：

（一）患者或者其近亲属不配合医疗机构进行符合诊疗规范的诊疗；

（二）医务人员在抢救生命垂危的患者等紧急情况下已经尽到合理诊疗义务；

（三）限于当时的医疗水平难以诊疗。

前款第一项情形中，医疗机构及其医务人员也有过错的，应当承担相应的赔偿责任。

第六十一条　医疗机构及其医务人员应当按照规定填写并妥善保管住院志、医嘱单、检验报告、手术及麻醉记录、病理资料、护理记录、医疗费用等病历资料。

患者要求查阅、复制前款规定的病历资料的，医疗机构应当提供。

第六十二条　医疗机构及其医务人员应当对患者的隐私保密。泄露患者隐私或者未经患者同意公开其病历资料，造成患者损害的，应当承担侵权责任。

第六十三条　医疗机构及其医务人员不得违反诊疗规范实施不必要的检查。

第六十四条　医疗机构及其医务人员的合法权益受法律保护。干扰医疗秩序，妨害医务人员工作、生活的，应当依法承担法律责任。

2010年12月10日

本文刊登于山西省高院《调研专刊》2011年第3期、《晋中审判》2011年第1期。

房屋买卖合同案件法律风险的防范

随着住房制度改革的不断深入和城镇化建设的速度加快，告别了过去计划经济的单位福利分房，逐步建立起市场经济条件下的房屋买卖交易市场，房屋的严重不足、供不应求，出现了房地产市场过热的局面，房屋买卖问题突出，房价上涨的幅度和老百姓的购买力之间的距离拉大，房地产开发商和房屋买受人之间、房屋买卖合同双方的矛盾纠纷不断发生，国家出台了一系列宏观调控房价的政策，但遏止不住房价的上涨，房屋买卖中矛盾得不到化解，最终起诉到法院通过诉讼解决。作为法院来说，充分发挥其审判职能作用，稳定房地产市场，保障房地产业的健康发展，保障居民的基本住房条件，是人民法院为大局服务、为人民司法的必然要求，探索如何防范房屋买卖合同中的法律风险，切实做好房地产纠纷案件的审判工作是法院义不容辞的责任。

一、房屋买卖合同案件的形成原因和存在问题分析

从近几年法院审理的房屋买卖合同案件看，房地产市场存在的问题很多，计划经济的单位福利分房、经济实用房、小产权房、农村宅基地房屋同时并存于房地产市场，由于各种房屋性质的不同，执行的政策不一致，再加

上房地产开发商不规范运作，房管部门新旧管理体制共同运行，导致房屋买卖合同案件不断增多。除此之外，还有的房屋买卖双方对房屋买卖合同约定不明，不讲诚信，随着房价的上涨见利忘义，随意反悔，也是产生房屋买卖合同纠纷的原因。据统计，近三年榆次区人民法院受理的房屋买卖合同案件是：2008年受理房屋买卖合同案件110件，2009年受理房屋买卖合同案件59件，2010年受理房屋买卖合同案件98件。房屋买卖合同案件占民事案件的总数分别是：2008年6.42%，2009年3.21%，2010年4.24%。而且存在许多不可避免的、潜在的矛盾，今后法院的房屋买卖案件有不断增加的趋势，分析其形成原因有以下几种：

1. 由于合同效力引发的房屋买卖合同案件。

在近年的审判实践中，发现近郊农村村民违反法律规定买卖农村房屋宅基地，有的将原有住房出卖、出租、赠与他人，有的是卖给城镇居民，由于卖了旧房屋不能申请新的宅基地，或者因为农村拆迁补偿等利益驱动，卖房人将房屋买受人起诉到法院要求收回已经出卖的房屋。法院按照有关的法律法规，应认定农村房屋买卖合同无效，而合同无效带来的法律后果是：双方相互返还各自取得的财产，如果双方有过错的，各自承担相应的法律责任。但有的房屋已经翻建、改建，房屋的添附价值随之发生增值，造成审理中评估增值价值、分担补偿费用的难度，执行更是难上加难。如市民王女士购买李先生的农村住房一处，并签订了房屋买卖协议，交付后李先生反悔起诉至法院，要求判决房屋买卖协议无效，返还房屋。法院审理认为，协议是双方真实意思表示，但违反了法律法规的强制性规定，因此双方签订的协议无效，双方相互返还财产。

又如某单位拆迁职工旧住宅房，在原址上为本单位职工开发新住宅房，张某与该单位签订了房屋回迁协议，并交付部分集资房款，但张某在外地期间，单位负责人将回迁房屋卖与第三人，第三人已装潢入住。张某起诉该单位和第三人的买卖合同无效，并要求退出回迁房屋和赔偿损失。此案涉及一房二卖、经济适用房等政策法律问题，案件当事人在审理中情绪非常激动，不接受法官的调解，此类案件对于法院来说非常棘手，判决房屋买卖合同无效造成执行的难度很大。

2. 由于违反合同约定引发的房屋买卖合同案件。

由于房屋买卖双方不履行或者不全面履行合同约定，有的是开发商逾期交房、施工质量不合格、建筑面积及层高不符合约定；有的是买受人逾期交款、无理由退房等引发房屋买卖合同纠纷。根据合同法的规定，当事人应当按照约定全面履行合同的义务，一方不履行另一方可要求其承担相应的违约责任。如李某与某公司在2006年10月22日签订了商品房买卖合同，李某当日交清购房款，约定交房期限为2007年7月30日，如逾期交房每日按房款总额的万分之五承担违约责任。后因逾期交房李某起诉该公司，要求按合同约定继续履行交房义务，并承担合同约定的违约责任，即赔偿违约金63 288元。又如：晋某与某公司在2005年5月17日签订了商品房买卖合同，付清房款36.8万元，2005年6月1日入住，2006年房子发现裂缝，有严重质量问题，请求退房和赔偿装修、利息等项损失39.9万元。

3. 由于返还定金引发的房屋买卖合同案件。

《担保法》规定，当事人可以约定一方向对方给付定金作为债权的担保。债务人履行债务后，定金应当抵作价款或者收回。给付定金的一方不履行约定债务的，无权要求返还定金；收受定金的一方不履行约定债务的，应当双倍返还定金。定金合同从实际交付定金之日起生效，定金的数额由当事人约定，但不得超过主合同标的额的20%。如蔚某与某房地产开发公司于2005年7月23日签订了房屋买卖合同，约定交付定金5万元，后该公司由于有关手续未被批准，无法建造房屋，蔚某起诉该公司要求法院确认房屋买卖合同无效并双倍返还定金。

4. 由于办理房屋登记引发的房屋买卖合同案件。

签订的房屋买卖合同履行完毕后，卖方迟迟不办理房屋登记转让手续，这类案件引发的矛盾近年也呈上升趋势。大多是因为卖方看到房价不断上涨，后悔当初房价卖低了，不想办理过户手续。如冯某与王某于2008年4月9日签订了房屋买卖合同，房屋267.88平方米，价格50万元。合同签订后王某将房屋交付冯某使用，但王某迟迟不办理房产转让登记手续，冯某一年后起诉到法院，要求法院判决王某办理房屋转让和土地使用权转让手续，并赔偿3万元损失。

二、签订房屋买卖合同应当遵循的法律规定

1. 购买农村房屋的有关法律规定。

农村房屋宅基地买卖是我国法律明确禁止的，其使用权只有本村集体经济组织成员享有，与特定的身份相联系，实行的是“一户一宅”的原则。《物权法》一百五十五条规定，已经登记的宅基地使用权转让或者消灭的，应当及时办理变更登记或者注销登记。2004年月12月24日国务院《关于深化改革严格土地管理的决定》规定：“加强农村宅基地管理，禁止城镇居民在农村购置宅基地。”这意味着农村宅基地是可以转让的，但不可转让于城镇居民。根据现行法律和政策，农村房屋买卖有效必须同时具备的条件是：一是农村房屋买卖必须征得村委会同意；二是转让人和受让人为同村村民；三是转让人户口已迁出本村或者是一户多宅、多房的转让给本村无宅基地的。符合以上三个条件的才可认定为房屋买卖合同有效。

《合同法》第七十九条规定：“债权人可以将合同的权利全部或者部分转让给第三人，但有下列情形之一的除外：（一）根据合同性质不得转让；（二）按照当事人约定不得转让；（三）依照法律规定不得转让。”城镇居民购买农村房屋是法律政策明文规定不得转让的，所以城镇居民购买农村房屋合同无效。

2. 购买预售房屋的有关法律规定。

根据最高人民法院《关于审理房屋买卖合同纠纷案件适用法律若干问题的解释》(以下简称《房屋买卖司法解释》)规定，出卖人未取得商品房预售许可证明，与买受人订立商品房预售合同的无效，但在起诉前取得商品房预售许可证明的可以认定为有效。当事人不可以商品房预售合同未按规定办理备案手续为由，请求确认合同无效，目的是尽量维护合同的效力和维护商品房交易的安全。

买预售房是买受人先行付款，风险在买受人身上。根据《物权法》第二十条规定，预售房可以进行预告登记，确认一种对抗效力，防止开发商钻一房二卖、多卖的空子，保障买受人的利益。除此之外，买期房、分期付款房屋或者办理抵押的都可以进行预告登记，尽最大可能防范法律方面的风险。

3. 购买经济适用房的有关法律规定。

经济适用住房，是指政府提供政策优惠，限定套型面积和销售价格，按照合理标准建设，面向城市低收入住房困难家庭供应，具有保障性质的政策性住房。根据《经济适用住房管理办法》规定，经济适用住房购房人拥有有限产权，购买经济适用住房不满5年，不得直接上市交易；购房人因特殊原因确需转让经济适用住房的，由政府按照适当的价格进行回购。购买经济适用住房满5年，购房人上市转让经济适用住房的，应按照一定差价向政府交纳土地收益等相关价款，政府可优先回购；购房人也可以向政府交纳土地收益等相关价款后，取得完全产权。已经购买经济适用住房的家庭又购买其他住房的，原经济适用住房由政府按规定及合同约定回购，已参加福利分房的家庭在退回所分房屋前不得购买经济适用住房。

4. 逾期交房和逾期付款的有关法律规定。

根据《合同法》第九十四条和《房屋买卖司法解释》规定，房屋买卖合同的出卖人逾期交付房屋或者买受人逾期支付购房款，经催告后在三个月的合理期限内仍未履行（当事人有约定期限的按约定），当事人一方可以请求解除合同。也就是说，催告后解除权行使的合理期限是三个月，如果没有催告的，解除权的行使期限是一年，一年内不行使则解除权消灭。当事人请求解除合同时可请求赔偿违约金，约定的违约金超过造成损失的30%可请求减少（低于30%的可请求增加）；没有约定违约金且逾期交房的，按照此期间有关部门公布的同地段同类房屋租金标准确定。逾期付款的，按照未付购房款总额，参照中国人民银行规定的逾期贷款利息计算。

5. 办理房屋登记的有关法律规定。

《物权法》第十四条规定，不动产物权的设立、变更、转让和消灭，依照法律规定应当登记的，自记载于不动产登记簿时发生效力。原始取得房屋或者合同取得房屋要及时办理房屋所有权登记，将合同的债权及时变为物权，最有效保护自己的房屋所有权。房屋买卖合同有约定期限的按约定期限办理登记，没有约定的自合同订立之日起90日办理，房屋未建成的自房屋交付使用之日起90日办理，否则应当承担相应的违约责任，超过一年未办理登记的，买受人可以请求解除合同和赔偿损失。合同没约定违约金或者损失难以确定的，可以按已付房款总额逾期贷款利息的标准计算。

三、房屋买卖合同案件法律风险的防范措施及建议

（一）公民购买房屋的法律风险防范

公民购买房屋需要查看的内容：

首先，查看房屋的真实性。查看房屋的客观存在，查看产权证的正本，如果是预售房，要查看开发商有无资质认定书和有无预售许可证，防止房地产开发商卷款走人和炒房人买空卖空，侵害买房人的利益；查看房屋在房管部门备案的性质，区分单位福利分房、经济适用房、单位集资合作建房、小产权房、农村宅基地房屋，了解不同性质房屋的产权比例；查看卖

房人真实身份和民事权利能力，了解房主和卖房人是否同一人，卖房的真实原因，防止代理人超越代理权限买卖房屋，防止监护人侵犯无民事行为能力人的权利。

其次，查看房屋的权利状况。查看房屋的所有权和土地使用权的登记情况，二手房要查看房屋的权利状况，了解房屋有无共同共有人或按份共有人，防止侵犯公司股东共有财产人的利益，对家庭共同财产查看其家庭成员的共有情况，防止夫妻一方未经对方同意处分共同财产，防止继承人侵犯被继承人的权利，将共有财产变卖。查看房屋有无债务抵押、有无司法机关查封等权利瑕疵；了解建筑规划，区分房屋附属公共设施的所有权情况，区分房前屋后的草坪、露台、楼顶、外墙面、车位等所有权情况，防范不可预见的法律风险。

第三，签订规范的书面房屋买卖合同。公民在购买房屋时，按照法律、政策规定签订规范的书面房屋买卖合同，合同应当载明开发商的名称（卖房人的姓名、地址）、商品房的地址、房号、建筑面积、价格、交付日期和方式（分期付款的写明付款方式）、质量标准、层高标准、产权状况（附属设施的所有权）、办理登记手续的日期、违约责任的承担方式、争议解决的方法等合同内容。买房人尽量不要与开发商约定定金条款，防止开发商合同欺诈行为。审查新开发的房屋质量情况应注意查看有无竣工验收证书、质量验收合格证书，否则不要贸然签订购房协议。如果通过房屋中介购买房屋的，慎重签订房屋买卖意向协议书，防止中介设圈套拒绝退还意向金。

第四，理性购买小产权房。小产权房是农村集体土地上未经建设单位和房管部门批准而建设的房屋。由于房屋本身不合法，是非法建筑物，无法取得房屋产权证，只有使用权，法律不保护此房屋上所附的任何权利。如果同国家的规划相冲突，还很有可能被拆除，拆迁安置补偿费也很难得到，将来的遗产继承也会遇到许多麻烦。而且，房屋的质量难以保证，配套设施不完善，物业管理、水电等方面可能出现问题，购房者一旦遇到纠纷，无法维护自己的权利。因此，购买小产权房风险太大，有意购买者需谨慎投资。

第五，房屋买卖风险的救助途径。如果商品房合同订立后，出卖人未告知房屋抵押情况，或者一房二卖，致使合同目的无法实现，无法取得房屋的买受人可以请求解除合同、返还已付房款及利息、赔偿损失，并可以请求出卖人承担不超过已付房款一倍的赔偿责任。如果出卖人故意隐瞒商品房预售许可情况、房屋抵押情况、拆迁补偿安置情况，导致房屋买卖合同无效或者被撤销、解除的，买受人可以请求返还已付房款及利息、赔偿损失，并可以请求出卖人承担不超过已付房款一倍的赔偿责任。

根据《房屋买卖司法解释》规定，房屋质量不合格不能交付使用，已经交付使用的，房屋主体结构质量经有关部门鉴定确实不合格或者严重影响正常居住使用，买受人可以请求解除合同和赔偿损失。交付使用的房屋在保修期内，出卖人应当承担修复责任。

（二）完善法律制度方面的建议

1. 加快基本住房保障的立法。

保障居民的基本住房需求，对不同收入群体采取租、售不同的住房政策。我国目前对于房地产进行规范的法律大都是促进房地产行业的发展，忽略了对中低收入者的保护，导致许多中低收入阶层的住房需求无法得到满足，所以对住宅的建设、消费、分配等环节进行规范，尽快出台具有可操作性和强制措施作保障的基本住房相关法律，让绝大多数居民买得起安全舒适的住房，基本实现人人有房住，增强政府在满足群众基本住房保障权利上的责任。同时，依法稳定房屋交易市场，制裁房地产市场上的恶意违法行为，保护购房人利益，保障房屋交易市场的良性循环。

2. 建立完善物权登记制度。

《物权法》实施以来，物权登记方面存在许多问题，尽快出台与物权法配套的物权登记制度，由政府一个部门统一负责办理房屋所有权、土地使用权等物权登记工作，将房屋所有权的变动情况载入房屋产权登记簿上，方便公民办理登记和查询物权情况。登记机关在办理登记时严把审查关，建立高科技防伪制度，防止假身份证及代理人、继承人、共有人超权限办理登记，完善共有财产的登记制度，登记机关应当将所有的财产共有人都登记为财产所有人，防止日后发生纠纷。面对市场出现的小产权房问题，尽快探讨小产权房所有权的解决办法，规范房地产市场。

3. 政府下大力气出台房地产宏观调控房价的政策。

房地产业在整个国民经济中起着举足轻重的作用，房地产投资是全部经济活动的一大部分，房地产市场运行直接影响国民经济的发展。由于土地出让金的收入占据地方政府财政的一半以上，政府是房地产业的最大受益者，因此房地产市场的宏观调控政策的出台必须下大力气，减少房地产中的政府收费项目。同时，国家采取强有力的措施对房地产市场进行宏观调控，加大不动产税的征收，改革与市场经济不适应的住房管理体制，从根本上解决房地产业中存在的问题，抑制房价上涨，让老百姓真正得到实惠。

（三）法院审理房屋买卖合同案件应注意的问题

1. 准确把握“阴阳合同”的认定标准。

法院在审理房屋买卖合同案件时，有些买房人以他人名义购房规避有关政策法律，如果能够查清事实真相，按照房屋买卖双方的真实意思表示，依法维护合同的实质性内容。对于子女按照父母的名义（或者其他亲属）登记房屋所有权的，按实际出资人确定所有权人；对于因避税而签订房屋买卖假合同的，按真实合同的价格确定房屋买卖的价格；对于单位集资建房，有集资资格者转让无资格者，以实际买房人确定所有权人。但是，借用他人名义买房风险太大，很容易产生法律纠纷，如果名义产权人反悔，出资人不能提供双方之间的委托代理关系和支付购房款的事实，败诉的可能性很大。

2. 正确区分物权的效力和合同的效力界限。

《物权法》第十五条规定:“当事人之间订立有关设立、变更、转让和消灭不动产物权的合同,除法律另有规定或者合同另有约定外,自合同成立时生效;未办理物权登记的,不影响合同效力。”商品房买卖不动产物权的变动,只能在交付或者登记后才能生效。商品房买卖合同产生的是债权,双方意思表示达成一致,合同即产生约束力,债权是相对权,不具有排他的效力,房屋抵押合同生效,如果不进行房屋抵押登记,等于房屋抵押权未设立。也就是说,抵押物是否登记,不影响设立抵押权合同的效力。《物权法》实施以后,也可探讨解决购买农村房屋、福利分房的合同效力,合同有效不产生物权的效果,这样可以尽可能维持合同的效力,有利于处理城镇居民购买农村宅基地关于返还财产问题,保护买卖双方的合法债权和保证交易安全。

3. 妥善采用多种途径处理房地产纠纷案件。

房地产业涉及国家经济发展和广大人民群众的利益,切实贯彻“调解优先,调判结合”原则,加强诉讼调解工作,对于房地产开发商确因资金暂时困难未按时交付房屋的,要多做双方当事人的调解工作,确无调解可能的案件,可以根据案件的具体情况,依法合理调整违约金的数额,公平解决违约责任问题。对于买受人请求解除商品房合同的案件,要严格依法审查,对不符合解除条件的不能解除,要引导当事人理性面对市场经营风险,共同维护诚信的市场交易秩序。对于矛盾有可能激化的敏感案件和群体性案件,要及时向当地党委汇报,与政府主管部门沟通,力争将不稳定因素化解在萌芽状态。

2011年4月13日

本文刊登于《山西审判》2011年第6期。

法苑探析

第四篇

司法建议

预防校园人身损害的司法建议

在审判实践中，校园人身损害案件时有发生，学生家长去学校闹事，影响正常的教学秩序，学生、学校乃至全社会都十分关注，也引起了政府有关部门的高度重视。特别是教育部门，要认真总结分析校园人身损害案件多发的原因，积极采取相应的措施，尽量减少、避免校园人身损害案件的发生，确保学校教育和教学工作的顺利进行。下面我就审判中发现的问题进行梳理总结，为积极预防、妥善处理在校学生伤害事故提出自己粗浅的建议，希望教育部门结合教育工作的实际制定出规范办法，保护学生、学校的合法权益。

一、校园人身损害大致有两种情况

（一）校园内发生的学生人身损害

一是在学校安排的正常教学范围内的体育活动和学校组织的体育比赛活动中学生不小心发生的人身损害。学校组织各种体育活动、上体育课是正常教学的需要，但往往发生意想不到的事故，影响学校、学生的正常教学、学习秩序。

案例：2007年3月4日下午，王某和张某分别参加高一年级组织的篮球活动。在比赛过程中，二人在空中抢球时身体发生碰撞，王某落地后用手臂撑地致左臂骨折，后送往医院治疗，共住院14天，支付医疗费7000元。经司法鉴定中心鉴定，王某左前臂外伤构成八级伤残。随后，王某及法定代理人诉张某及法定代理人和学校赔偿医疗费7000元、伤残赔偿金60 166.20元等，共计71 032元。

二是在校园内发生的学生之间的人身损害。在课间活动中，学生之间故意或过失造成学生人身损害，这类案件的发生在小学中较多，有的家长不能正确认识和妥善处理，被伤害学生的家长去学校对伤人者打骂、恐吓、侮辱，在学校造成很坏的影响。

案例：2006年5月7日，曾某与周某在课间活动时，曾某不小心被周某推倒在地碰到头部，当时没有明显的伤害情况，学校也未通知家长。时隔十多日，曾某出现头晕、呕吐等症状，去医院检查，诊断结果是：外力造成颅脑损伤。曾某及法定代理人起诉周某及法定代理人和学校承担赔偿责任。

三是教师体罚或者变相体罚学生，打骂、侮辱学生造成的人身损害。对于此类损害，学校应当承担全部赔偿责任。有的是在正常的教学管理活动中，由于教师的批评间接造成学生自伤、自杀等人身损害，按照教师的过错程度学校承担赔偿责任。

案例：2006年12月31日，李某（职高学生）的男同学到学校看望她，生活老师发现此情后，通知其班主任到场，并与李某的父亲进行电话联系。在老师处理此事过程中，李某从四楼窗户跳下受伤，随即送往医院治疗45天，学校支付了医疗费用两万多元。经司法鉴定中心鉴定造成六级伤残，故李某及其法定代理人请求法院判决学校承担主要赔偿责任。

四是学校疏于管理，让学生做有危险的体力劳动或者超强度的劳动，在校园里发生的学生人身损害，学校根据过错责任赔偿受伤者的医疗费等损失。

案例：2006年8月18日下午，郝某按照学校的安排擦教室玻璃时，不慎从二楼窗台坠入室外地面，当即被送往医院住院治疗，被诊断为全身多处软组织损伤，腰二椎体骨折及头面部外伤，住院17天，随后到山西齿科医院进行牙齿治疗及安装义齿，学校支付全部医疗费用，共计25 831.57元，经司法鉴定中心鉴定，郝某构成九级伤残，原告请求法院判决学校承担全部赔偿责任。

（二）校园外发生的学生人身损害

一是学校组织的校外活动，如组织郊游、校外参加劳动、参观学习等活动在校外发生的人身损害，按照有关法律规定学校应承担相应的责任。如某县学校教师早晨带学生进行校外活动，被疲劳驾车的司机开车撞死十几名学生，在全国引起了很大的反响。教育部门应当从中吸取教训，严格控制学校组织学生外出活动，防止意外事件的发生。

二是学校正常教学以外的活动，如补课、实验活动、提前放学、被处罚停课后或者学生去参加以上活动路上发生的人身损害，学校未尽通知学生家长的义务，应当引起学校足够重视。

案例：2009年6月29日上午，学校准备自修考试，布置教室贴考号，在未通知学生家长的情况下，提前两节课让一年级学生自行回家。赵某在出校门不远的路上被张某驾驶的三轮车撞倒受伤，后因伤势过重抢救无效死亡。张某负事故的全部责任，受到刑事处罚，并一次性赔偿赵某的父母15万元。之后，赵某的父母以学校疏于管理，提前放学未通知学生家长到校接孩子为由，要求学校对此次事故承担一定的赔偿责任。

二、正确认识校园人身损害的责任承担

1. 学校承担过错责任。

根据最高人民法院《关于贯彻执行〈中华人民共和国民法通则〉若干问

题的意见》(以下简称《民法通则意见》)第一百六十条规定:“在幼儿园、学校生活、学习的无民事行为能力的人或者在精神病院治疗的精神病人,受到伤害或者给他人造成损害,单位有过错的可以责令这些单位适当给予补偿。”因此,学校、幼儿园承担的是过错责任,尽到安全保障义务、尽到教育管理义务者的义务则不承担责任。但幼儿园承担的过错责任,要比一般学校严格,因为幼儿园职责与一般学校不同,对幼儿有教育和监护的双重职责,承担的过错责任比其他学校要大。

2. 监护人承担无过错责任。

根据《民法通则意见》第一百六十一条规定,侵权行为发生时行为人不满十八周岁,有经济能力的,应当承担民事责任;行为人没有经济能力的,应当由监护人承担民事责任。行为人致人损害时年满十八周岁的,应当由本人承担民事责任;没有经济收入的,由扶养人垫付,垫付有困难的,也可以判决或者调解延期给付。因此,未成年人给他人造成的人身损害,由其监护人承担无过错责任。同时,监护人应当依法履行监护职责,配合学校对学生进行安全教育、管理和保护工作。

3. 第三人致未成年人损害的第三人承担相应的责任。

在校外发生的交通事故,完全由肇事者承担责任;家长或者外校生去学校伤害学生的,如果学校尽了应尽的安全保障义务,比如突发性的事件预先无法料到,就应当由第三人承担全部责任;如果学校应当及时处置而未尽责的,承担相应的过错责任。

三、建议

1. 建立在校学生意外伤害保险制度。

保险费用可以由教育行政部门监管,补充商业保险制度的不足,全额赔偿受伤害学生的相关费用,减轻学校、学生家长和地方财政的经济负担,减轻校方和教师的思想负担,全身心地投入教学活动。

2. 定期检查校舍、场地、其他教育教学设施和生活设施的安全性能。

建立健全安全检查制度，确定校领导每日带班值班制度，检查学生上课及各个活动场所的安全情况，预防和消除教育教学环境中存在的安全隐患。同时，学校经常组织检查食品卫生，把好食品进入关，确保学生的食品卫生安全，消除各种不安全因素。

3. 加强对学生的安全教育和道德教育。

学校应当设立安全课程，对在校学生进行必要的珍爱生命教育、安全知识教育、道德规范教育和自护自救教育。设立家长安全教育学校，学校、家长密切联系，共同配合，保证学生的身体、心理健康。

4. 树立教师依法教学的理念。

组织学校全体教师学习《中华人民共和国民法通则》、《中华人民共和国教育法》、《中华人民共和国未成年人保护法》等相关法律、行政法规，将法律法规融入教学管理之中，提高教师依法教学的能力。正确理解《学生伤害事故处理办法》，认识行政部门规章的法律效力，规范教师的教学行为。

5. 制定突发性应急机制。

学校制定严密的管理制度，制订突发性应急预案，减少学校组织学生集体外出活动，避免让学生承担危险或超体力的劳动，一旦学生发生伤害事故时，采取有效措施救助受伤害学生，不隐瞒事实真相，及时与家长取得联系，学校、家长共同配合将损失减少到最小程度。

6. 依法行使告知家长的义务。

对未成年学生擅自离校、伤害情况等与学生人身安全直接相关的信息，学校及时告知未成年学生的监护人，对于学校提前放学、违反常规的教学安排，提前与家长取得联系，学校、家长共同对学生的安全负起责任。

2011 年 4 月 23 日

企业诉讼的法律风险与防范措施

企业诉讼风险是企业在诉讼过程中，由于胜诉或者败诉，造成企业直接或者间接经济损失（泄漏企业商业秘密、影响企业信誉度、影响职工凝聚力）的风险。随着我国法制建设的进程不断加快，企业涉足法律领域不断增多，企业的法制建设虽有了长足的发展，但还存在许多法律漏洞和法律风险，特别是企业管理人员在经济活动中，重视经营风险的防范，轻视法律方面各种风险的防范，因此，提高企业依法决策重大事项的能力，减少不必要的因诉讼产生的经济损失，是当前和今后加快企业法制建设的重要工作。现将近几年审判实践中存在的企业诉讼风险，结合最高人民法院的《人民法院民事诉讼风险提示书》进行分析，为企业防范诉讼风险提出有效的可参考依据和解决措施。

一、诉讼时效问题

在审判实践中，有些企业债务长期不清理，债务超过两年的诉讼时效才起诉到法院，只好承担对自己不利的后果。根据《民法通则》第一百三十五条、一百三十六条规定，当事人请求人民法院保护民事权利的期间一般为两年（特殊的为一年），超过诉讼时效的诉讼请求不会得到人民法院的支持。《民法通则》第一百四十条规定："诉讼时效因提起诉讼、当事人一方提出要求或者同意履行义务而中断。从中断时起，诉讼时效期间重新计算。"这里的提起诉讼包括向法院起诉、应诉、申请支付令等，向仲裁委员会申请仲裁，请求行政机关处理，向基层人民调解委员会提出保护民事权利的请求；其次是向对方直接提出要求履行义务的事实，这些都可视为诉讼时效中断的事实证据。

中断的法律效果是中断事由发生前已经经过的时效期间归于无效，等到中断事由消除时，诉讼时效期间重新计算，在法律规定的最长保护期限内（二十年），诉讼时效中断的次数不限。也就是说，已超过法律保护期限两年的，企业向人民法院起诉时，必须向法院提供诉讼时效中断的事实证据，法院可视为没有超过法律保护期限。如果法院受理后查明无中止、中断、延长事由的，法院判决驳回其诉讼请求，丧失司法保护的请求权。

二、管辖权问题

在审判实践中，有些企业在签订合同时不签订争议解决的方法和争议解决地，当发生经济纠纷时，企业在榆次区人民法院起诉后，外地企业在提交答辩状期间提出管辖权异议，人民法院依照法律规定对当事人提出的异议严格审查，异议成立的，裁定将案件移送有管辖权的人民法院；异议不成立的，裁定驳回。其中大部分案件裁定驳回诉讼请求，在榆次区法院继续审理，但有些案件被移送到外地法院，榆次的企业只好去外地打官司，多次往返于榆次与外地之间，造成企业很大的直接、间接经济损失，用企业家的一句话说就是"苦不堪言"。

1. 应当深刻理解"合同履行地人民法院管辖"的含义。

根据《民事诉讼法》规定，对法人或者其他组织提起的民事诉讼，由被告住所地人民法院管辖。因合同纠纷提起的诉讼，由被告住所地或者合同履行地人民法院管辖。也就是说，企业和外地商家签订合同时，区分合同类型，在签订合同时防范管辖问题的风险，用好、用活“合同履行地”，保护企业的合法权益。

2. 把握好协议选择法院管辖的权利。

根据《民事诉讼法》规定，合同的双方当事人可以在书面合同中协议选择被告住所地、合同履行地、合同签订地、原告住所地、标的物所在地人民法院管辖，但不得违反法律对级别管辖和专属管辖的规定。也就是说，企业签订合同时可以约定“发生争议解决地为某地”或者“双方各自可以在所在地人民法院起诉解决争议”等等方法，用合同的形式约定当地的案件管辖权。反过来说，如果起诉不符合管辖规定的，案件将会被移送到有权管辖的人民法院审理。

三、诉讼请求问题

在经济纠纷案件中，有些企业签订合同时不了解对方的真实情况，当履行情况出现问题时，才知道对方是一个虚构的法人，没有场所、没有工商登记、法人代表是假身份证等，起诉没有明确的被告。还有的企业诉讼请求不准确、不全面，错将承揽合同纠纷起诉为购销合同纠纷，影响企业诉讼活动的正常进行，因此，企业提出的诉讼请求必须明确、具体、完整。

明确是指立案时必须有明确的被告，这是原告起诉的前提条件，否则诉讼程序无法启动。立案的案由也必须明确，立案的案由决定适用的法律，适用的法律决定着诉讼的成败。

具体是指诉讼请求项目要具体，如欠款合同案件的诉讼请求项目有偿还本金、利息损失等，如不请求利息损失就视为放弃利息的请求。

完整是指完整提出所有的诉讼请求，不要随意扩大诉讼请求的范围，否则要负担相应的诉讼费用。相反，对未提出的诉讼请求人民法院不会审理。如果增加、变更诉讼请求或者提出反诉，超过人民法院许可或者指定期限的，法院不予审理。

四、诉讼证据问题

有些企业平时不注重保留和收集证据材料，一旦形成纠纷对簿公堂时，苦于缺乏证据，只好承担对自己不利的后果，因此，保留和收集证据材料应当贯穿于企业经营管理的全过程，并建立完善的经营管理档案制度，由专人负责长久保存有关经营管理的档案材料。企业在诉讼证据方面应当防范的风险有：

1. 企业必须自行收集证据。

在民事诉讼过程中，"谁主张权利谁举证"是民事诉讼通行的举证规则，当事人在法定期限内不能向法院举证或举证不完整，就应当承担举证不能的责任。根据《民事诉讼法》和最高人民法院《关于民事诉讼证据的若干规定》，只有当事人因客观原因不能自行收集证据的，才可申请人民法院调查收集，这与过去的诉讼体制是不同的，因此，企业必须自行收集证据向法院提供。

2. 在举证期限内完成举证。

当事人向人民法院提交的证据，应当在当事人协商一致并经人民法院认可或者人民法院指定的期限（一般不少于30日）内完成。超过法定、约定期限提交的，人民法院视其放弃了举证的权利，当事人承担不利的裁判后果。

3. 提供原件或原物作证据。

当事人向人民法院提供证据，应当提供原件或者原物，特殊情况下也可以提供经人民法院核对无异的复制件或者复制品。提供的证据不符合法律规定条件的，会影响证据的证明力，甚至不被法院采信。

五、诉讼保全问题

诉讼保全包括诉前财产保全、诉讼财产保全、诉讼证据保全。

诉前财产保全是利害关系人因情况紧急，不立即申请财产保全其合法权益将受到难以弥补的损害，在起诉前向人民法院申请采取的财产保全措施。

诉讼财产保全是在民事诉讼中，对于可能因一方当事人的行为或者其他原因，使判决不能执行或者难以执行，根据一方当事人的申请，人民法院采取的财产保全措施。

诉讼证据保全是在民事诉讼中，诉讼证据可能灭失或者以后难以取得，诉讼参加人向人民法院申请保全证据，人民法院采取的证据保全措施。

当事人申请诉讼保全应当防范的风险：

（1）应当按规定缴纳保全费用而没有缴纳的，人民法院不会对申请保全的财产采取保全措施。

（2）当事人提出财产保全申请，未按人民法院要求提供相应财产担保的，人民法院将依法驳回其申请。

（3）申请人申请财产保全有错误的，将要赔偿被申请人因财产保全所受到的损失。

（4）当事人申请诉前财产保全的，申请人在人民法院采取保全措施后15日内不起诉的，人民法院解除已经采取的财产保全措施。

（5）当事人申请诉讼证据保全的，不得迟于举证期限届满前7日，否则，人民法院将依法驳回其申请。

六、缺席判决问题

人民法院在民事诉讼中，原告经传票传唤，无正当理由拒不到庭，或者未经法庭许可中途退出法庭的，人民法院将按自动撤回起诉处理；被告反诉的，人民法院将对反诉的内容缺席审判。被告经传票传唤，无正当理由拒不到庭，或者未经法庭许可中途退出法庭的，人民法院将缺席判决。

缺席判决的风险：

缺席判决是人民法院在一方当事人无故拒不到庭或未经法庭许可中途退出法庭的情况下依法审理后做出的判决。缺席判决等同于对席判决，其缺点是不利于案件事实的查清，不按时出庭或中途退出法庭的当事人无法向法庭提供有利于自己的证据，意味着丧失对原告起诉进行当庭答辩的机会，而且放弃了反驳、反诉、辩论等诉讼权利，审理中都是原告的一面之辞，陷入非常被动的局面，影响其用法律手段维护自己的合法权益。判决生效后，缺席的一方当事人发现不利于自己的判决时，只能用申诉的手段维护自己的合法权益，但申诉能否立案有许多不确定因素。因此，当事人出庭陈述既是义务，也是权利，企业接到传票后正确面对诉讼，必须采取积极的态度，有正当理由不能到庭的或者是申请鉴定等事由，应当以书面形式及时通知法庭，否则必须到庭参加诉讼。

七、财产执行问题

“执行难”是我国司法实践中的突出问题，常常出现判决胜诉却是一纸空文，也就是通常说的法律白条现象。企业在打官司前，要先权衡对方的经济水平和偿还债务的能力，对于现在明显没有还债能力的被告，采取首先取得合法、长期的债权文书（生效判决书），等待时机（如有些农民得到政策性分配款项、企业被有实力的企业收购）实现债权；对于确实没有还债能力的被告，企业要防范支付大额诉讼费的风险。

除此之外，企业要防范的诉讼风险还有：

1. 在法定的执行时效内提出申请。

根据《民事诉讼法》第二百一十五条规定：“申请执行的期间为二年。申请执行时效的中止、中断，适用法律有关诉讼时效中止、中断的规定。”期限自生效法律文书确定的履行义务期限届满之日起算，超过法定期限申请的，人民法院不予受理。

2. 无财产或无足够财产可供执行。

被执行人没有财产或者没有足够财产履行生效法律文书确定义务的，人民法院可能对未履行的部分裁定中止执行，申请执行人的财产权益将可能暂时无法实现或者不能完全实现。

3. 不履行法律文书确定的义务。

被执行人未按生效法律文书指定期间履行给付金钱义务的，将要支付迟延履行期间的双倍债务利息。被执行人未按生效法律文书指定期间履行其他义务的，将要支付迟延履行金。

法苑探析

第五篇

案例分析

机动车出租人应尽审查义务

【案情】

2010年3月16日15时许，赵某驾驶轿车与刘某驾驶的电动车、张某驾驶的自行车相撞，致使刘某当场死亡，张某受伤，车辆不同程度损坏。经查，赵某在未取得机动车驾驶证的情况下，持伪造的驾驶证以案外人杨某的名义租赁某汽车租赁公司所有的桑塔纳轿车，租赁公司的工作人员仅对赵某出示伪造的驾驶证进行简单核对，便与赵某签订了租赁合同。合同约定因车辆承租人的原因发生的交通事故，车辆出租人不承担任何责任。交警部门对事故责任认定为：赵某未依法取得机动车驾驶证，驾驶机动车辆在道路上逆向行驶，是造成此事故的直接原因，赵某承担此事故的全部责任，刘某和张某二人将赵某、汽车租赁公司告上法庭。

【判决】

人民法院审理认为，被告租赁公司未尽谨慎的审查义务，导致被告赵某冒用他人的名义租赁轿车，与其后赵某无证驾驶，发生一死一伤的重大交通事故，存在因果关系且过失明显。租赁公司享有收益又具有过错，故应与赵某承担连带责任，赔偿原告刘某与张某的人身和财产损害。宣判后，租赁公司不服，向上一级人民法院提起上诉。二审法院判决驳回上诉，维持原判。

【评析】

（一）对《侵权责任法》第四十九条的理解

《侵权责任法》第四十九条规定："因租赁、借用等情形机动车所有人与使用人不是同一人时，发生交通事故后属于该机动车一方责任的，由保险公司在机动车强制保险责任限额范围内予以赔偿。不足部分，由机动车使用人承担赔偿责任；机动车所有人对损害的发生有过错的，承担相应的赔偿责任。"本条款首先明确了机动车所有人与使用人分离的事实不影响保险公司的赔偿责任，投保了责任强制险的机动车发生交通事故后，属于机动车一方责任的，首先由保险公司在机动车强制保险责任限额范围内予以赔偿。对于所有人，仅在有过错的情况下承担相应的赔偿责任，可见对所有人规定的是过错责任原则，所有人无过错不承担责任。

那么这里"相应的赔偿责任"如何理解？尽管本案发生在《侵权责任法》生效之前，但至今法律对此未作详细规定。但对于车主将车辆交给无证人员或醉酒人员的情形下应承担连带责任基本无异议。除上述情形外，所有人承担按份责任的大小，应以其过错以及原因与损害后果的关系加以判断。另外，所有人与使用人之间的约定不能对抗第三人，所有人与使用人关于交通责任如何承担的约定，从合同相对性来看，该约定不能对抗交通事故中的受害人。

（二）对机动车所有人过错的认定标准

机动车所有人有无过错应依客观化的标准进行判断，即以是否违反了善良管理人的注意义务来判断其有无过错。汽车属于存在高度危险性的交通工具，应当由具有专业驾驶技能的人员驾驶，车辆所有人在向他人租借车辆时，应当对承租人进行必要的审查，比如审查借用人的身份信息、审查借用人是否具有专业驾驶技能等。同时，还应当保障机动车性能符合安全的要求，比如车辆制动是否灵敏、关键零件是否完好等。机动车所有人若没有尽到上述应尽的注意义务，便有过错，该过错可能成为该机动车造成他人损害的一个因素，那么机动车所有人应当对因自己过错造成的损害负相应的赔偿责任。本案中租赁公司作为营业性企业，在向他人出租汽车的过程中更应尽到严格的审查义务，对于因其审查不严而使不具备驾驶资格的人租驾汽车并发生交通事故的，应当对受害人应承担连带赔偿责任。

（三）应当明确和强化机动车所有人的管理义务，同时完善我国机动车强制保险制度

机动车交通事故案件占我国法院受理侵权案件的三分之一，有的地方法院占一半以上。我国道路交通安全法规定的赔偿原则主要是过错推定，即发生交通事故后，被侵权人只需证明损害由机动车碰撞造成，机动车碰撞被侵权人有无过错应由机动车一方证明。机动车的使用是一种高度危险行为，为了进一步防范机动车交通事故风险，国家应在立法上明确机动车所有人的管理义务。作为机动车的所有人，在出租和出借车辆时，应严格审查承租人、借用人的身份及驾驶资格等相关信息，加强对车辆的管理。同时，国家应不断完善我国机动车强制保险制度，逐步扩大赔偿范围，提高赔偿标准，使交通事故的受害方能够得到及时充分的赔偿。做到这两点，将更有利于预防交通事故的发生和解决交通事故赔偿纠纷。

如何区分劳动关系和加工承揽关系

【案情】

2008年6月，高某经应聘后，没有签订劳动合同便在一家工厂车间上班。同年8月，高某在劳动过程中左脚受伤，住院治疗13天，共支付医疗费5000元，经鉴定为八级伤残。高某认为自己应享受工伤待遇，遂向工厂提出要求。工厂认为与高某之间没有形成劳动关系，而是一种加工承揽关系，拒绝承担工伤保险责任。双方经多次协商未果，高某向当地劳动争议仲裁委员会提请仲裁，要求确认与该厂之间形成的劳动关系。仲裁委员会经过调查查明，该工厂要求劳动者自带生产工具，由厂方分配生产任务，计件给付报酬。同时，该厂没有劳动保护用品，没有规定上下班的时间，劳动者只要完成工厂分配的生产任务即可离厂回家，劳动报酬的领取也是不固定的。仲裁委员会最终做出裁决，认定双方之间形成事实劳动关系，工厂不服该裁决，诉至法院。

【焦点】

本案的焦点是如何正确区分劳动关系和加工承揽关系。对此产生两种不同的意见。

第一种意见是：高某与工厂之间不存在劳动关系，而是加工承揽关系。

（一）高某与该厂未签订劳动合同，不具有劳动合同关系所固有的特征

工厂没有办理其他招工手续，没有固定的上下班时间，也没有相关规章制度约束劳动者，高某与工厂之间没有隶属关系，双方的地位是平等的。在一般的劳动关系中，用人单位要为劳动者提供符合国家规定的劳动条件和劳动保护用品，而高某在为该厂劳动的过程中，工厂也没有为其提供劳动工具和劳动保护用品，这说明高某是用自己的生产工具、以自己的劳动技能为工厂加工产品。

（二）高某与该厂之间存在的是一种口头上的加工承揽合同

虽然高某是在工厂内劳动，但不能仅仅依据劳动地点就认定当事人之间存在劳动关系。高某自带工具，按照厂方的要求，交付工作成果，明显属于加工承揽合同关系。由于高某与工厂之间没有劳动关系，所以高某所受的人身伤害不能认定为工伤，不能享受工伤保险待遇。但高某是为工厂加工产品、完成承揽任务时受伤的，根据民法中的公平原则，当事人对造成损害均无过错，但一方是在为对方的利益或者共同利益进行劳动过程中受到伤害的，可以责令对方或者受益人给予一定的补偿。工厂作为受益人应当给予高某一定的补偿。

第二种意见是：高某与工厂虽然没有签订正式的劳动合同，但两者之间存在事实上的劳动关系。

（一）高某是经过应聘程序进入该工厂上班的

高某被聘用后就是该厂的工人，虽然双方没有签订劳动合同，但存在事实上的劳动关系。工厂为高某分配生产任务，高某在工厂里按工厂的要求完成生产任务，符合劳动关系的特征。

（二）虽然该工厂的制度具有一定的特殊性，但不能据此而否定该劳动关系的存在

自带生产工具，这是由工厂的生产条件简陋、生产设备和工具不充裕决定的，并不能以此来否认劳动关系的存在；高某没有按固定的时间上下班，是由于工厂自身的管理松散造成的，不是劳动者的过错，更与有无劳动关系无关；高某按加工合格的产品的数量不定期地领取劳动报酬，只是说明工厂与劳动者之间实行的是计件工资制，劳动者领取的是计件工资，而不是加工承揽的劳动报酬。高某与工厂之间存在事实上的劳动关系，高某在工作时间和工作场所内，因工作原因而受到事故伤害，应当认定为工伤，由工厂承担工伤保险责任。

【评析】

正确审理本案的前提是如何区分劳动合同关系与加工承揽关系。

（一）加工承揽合同的概念及特征

根据《合同法》第二百五十一条规定，承揽合同是承揽人按照定作人的要求完成工作，交付工作成果，定作人给付报酬的合同。承揽包括加工、定作、修理、复制、测试、检验等工作。据此，可将加工承揽关系定义为：承揽人按照定作人的要求完成工作，交付工作成果，定作人给付报酬的权利义务关系。承揽关系主要具有四个特征：

（1）承揽方是按合同完成某项工作，承揽合同的标的，表现为物化的劳动成果，而不是承揽人的劳动本身；

（2）在承揽关系中，标的物具有特定性，标的物的特定性表现为，承揽方交付的劳动成果是合同约定的能满足定作人特殊要求的物，该物为劳动产物，为特定物，一般市场上难以买到；

（3）承揽关系的报酬是确定或可以按约定计算的，但是能否盈利则是不确定的；

（4）在承揽关系中，定作方与承揽方自始至终地位是平等的，不存在人身依附关系。

（二）加工承揽合同与劳动合同的区别

两者都是具有一定的人身性质的合同，都是建立在劳动者提供一定劳动的基础上的。两者的区别是：承揽合同以完成一定的工作为目的，合同的标的是承揽人完成的工作成果，而不是劳动过程本身；而劳动合同的标的则是劳动者和用人单位在劳动合同中的权利和义务。承揽合同中，承揽人以自己的设备、技术和劳力独立完成工作，与定作人之间没有隶属关系，两者的地位是平等的；而在劳动合同中，劳动者与用人单位之间存在隶属关系，用人单位是管理者，劳动者是被管理者，用人单位要为劳动者安排生产任务，指定工作时间、工作地点和工作要求，并以各种规章制度来约束劳动者。

（三）从维护劳动者权益的角度分析本案

本案最关键同时最令人迷惑的一点是，高某自带生产工具进行劳动。结合《合同法》中承揽合同的相关规定，承揽人应当以自己的设备、技术和劳力，完成主要工作。从这个角度看，高某与工厂似乎属于加工承揽关系。但是，从我国劳动立法保护的侧重点，即从维护劳动者合法权益的角度综合分析本案，应当认定高某与工厂形成了劳动关系。本案工厂招聘高某时，为了逃避自己应当对劳动者承担的劳动保护和工伤保险责任，并未与高某签订劳动合同，其实质目的是降低用工的成本。工厂在录用高某时采取的是招工的形式，是希望建立劳动关系，并没有建立加工承揽关系的意思表示。在劳动过程中，高某按照工厂的要求完成生产任务，并获得计件工资，符合相关劳动法律的规定。虽然该企业在管理上存在许多问题，如管理较为松散、没有为劳动者提供必要的生产条件、没有规定劳动时间等等，但不能以此而否认两者之间存在劳动关系。综上，本案中高某与工厂存在劳动关系。

（四）立法建议

产生本案情形的原因是复杂的，除了劳动者法律意识淡薄之外，主要是用人单位为了降低用工的成本，相关制度不完善而造成的。

虽然我国《劳动合同法》明确要求用人单位必须与劳动者签订书面劳动合同，并规定了相关法律责任，但是在现实生活中，仍然有许多用人单位不与劳动者签订合同，一旦发生劳动纠纷，由于劳动者证据意识不强而不能提供有效证据，同时法律没有具体明确的标准来认定劳动关系，很难直接确认劳动关系的存在。通常实践中在确认劳动关系时主要对“用人单位”、“劳动行为”、“劳动者”三方面进行考察，主要参考以下标准：用人单位和劳动者符合法定的主体资格；用人单位依法制定的各项劳动规章制度适用于劳动者，劳动者受用人单位的劳动管理，从事用人单位安排的有报酬的劳动；劳动者提供的劳动是用人单位业务的组成部分。笔者认为，有必要在立法上明确认定劳动关系的标准，这样更有利于司法实践中法院认定用人单位与劳动者之间是否存在劳动关系，更有利于维护劳动者的合法权益，建立起和谐的劳动关系，促进市场经济的有序发展。

如何认定夫妻关系存续期间的共同债务与个人债务

【案情】

被告李某（女）和吴某（男）于1990年1月结婚，婚后由于李某嗜赌成性，夫妻经常吵架，1997年吴某向法院提起诉讼，要求与李某离婚，经法院调解后和好。此后，吴某外出打工，李某在家带孩子，2008年12月，吴某再次起诉，要求与李某离婚。在吴某起诉离婚的同时，潘某以李某借款54 000元为由，起诉要求李某和吴某共同偿还借款。吴某辩称，他不认识潘某，借款用途是经营活动，但家中从未有过经营行为，因此，李某借款与其无关，且李某的借款也未用于家庭生活，不能作为夫妻共同债务。法院经调查查明，李某在2007年10月至12月之间分13次以经营需要为由向吴某借款共计54 000元。法院最终判决：李某向潘某借款54 000元写有借条，意思表示真实，应予认定。对潘某要求李某归还到期借款54 000元的诉讼请求，予以支持。但潘某要求吴某承担连带还款责任的诉讼请求，不予支持。判决后，双方均未上诉。

【焦点】

本案的争议焦点是，李某在婚姻关系存续期间的举债是否为夫妻共同债务。

【评析】

根据我国《婚姻法》及相关司法解释的规定，婚姻关系存续期间共同债务的确认有两种方式：一是直接认定，即根据案件事实，从正面直接认定为夫妻共同债务；二是反面推定，即首先推定为夫妻共同债务，除非夫妻一方能证明该债务为个人债务或证明债权人明知夫妻对婚姻关系存续期间所得的财产约定归各自所有。

（一）李某举债不能直接认定为夫妻共同债务

《中华人民共和国婚姻法》第四十一条规定，离婚时，原为夫妻共同生活所负的债务，应当共同偿还。夫妻共同生活所负的债务，是指夫妻为了维持正常的家庭生活、家庭支出，包括夫妻的衣、食、住、行和教育等方面所负的债务。确认婚姻关系存续期间的债务属于夫妻个人债务还是夫妻共同债务，司法实践中主要考虑以下两个判断标准：（1）夫妻有无共同举债的合意。如果夫妻有共同举债之合意，则不论该债务所带来的利益是否为夫妻共同享有，该债务均应视为共同债务。（2）夫妻是否分享了债务所带来的利益。尽管夫妻事先或事后均没有共同举债的合意，但该债务发生后，夫妻双方共同分享了该债务所带来的利益，最常见的情形是将该债务用于共同的家庭生活，则同样应视其为共同债务。本案中，吴某表示不认识潘某，不知借款事实，借条上也无吴某签名，不能证明该借款是吴某与李某共同意思表示；李某在一定期限内多次借款，数额较大，现有证据不能证明吴某分享了借款所带来的利益。综上所述，不能将该债务直接认定为夫妻共同债务。

（二）李某举债不能推定为夫妻共同债务

最高人民法院《关于适用〈中华人民共和国婚姻法〉若干问题的解释（二）》（以下简称《婚姻法解释二》）第二十四条规定："债权人就婚姻关系存续期间夫妻一方以个人名义所负债务主张权利的，应当按夫妻共同债务处理。但夫妻一方能够证明债权人与债务人明确约定为个人债务，或者能够证明属于婚姻法第十九条第三款规定情形的除外。”也就是说，按照上述最高人民法院的司法解释，婚姻关系存续期间以一方名义所欠的债务，原则上应当认定为夫妻共同债务，应该由夫妻共同偿还。但是，如果夫妻一方能够证明该债务确为欠债人个人债务或者债权人明知夫妻对婚姻关系存续期间所得的财产约定归各自所有的情形，那么未欠债的婚姻关系当事人可以对抗债权人的请求。同时《婚姻法解释一》第十七条对夫妻共同财产的处理也有相应的规定。因此，推定为夫妻共同债务时，既要适用《婚姻法解释二》第二十四条规定，也要符合《婚姻法解释一》第十七条规定的前提条件，即是否超出日常家事代理的范围，是否符合表见代理的构成要件。

1. 李某举债超出了日常家事代理范围

《婚姻法解释一》第十七条规定：“夫或妻在处理共同财产上的权利是平等的。因日常生活需要而处理夫妻共同财产的，任何一方均有权决定。”该条解释体现的是日常家事代理权，夫妻之间的日常家事代理权应当设定合理的范围，过分扩大家事代理的范围，同样会危及家庭财产关系的稳定。如下列事务，不应纳入日常家事范围：（1）一方擅自处分不动产的行为；（2）处分具有重大价值的财产的行为；（3）处理与婚姻当事人一方人身有密切关联的事务。本案李某在短期内频繁借款，数额较大，超出日常家事代理的范围。

2. 不符合表见代理的构成要件

《婚姻法解释一》第十七条还规定：“夫或妻非因日常生活需要对夫妻共同财产做重要处理决定，夫妻双方应当平等协商，取得一致意见。他人有理由相信其为夫妻双方共同意思表示的，另一方不得以不同意或不知道为由对抗善意第三人。”本案被告吴某辩称不知道李某借款，原告潘某应就其有理由确信债务人的行为为夫妻共同行为负举证责任，而潘某并未提供证据证明，故表见代理不能认定。

综上所述，李某所欠的债务为个人债务，应由其个人负责偿还。

夫妻共同债务是夫妻财产关系中的重要内容，在市场经济条件下，越来越多的夫妻参与到各种经济活动中，夫妻双方为了各自或婚姻的共同事务从事生产、经营、理财、负债和消费等活动，管理婚姻家庭事务导致负债的现象较为普遍，债务金额大、负债偿还期限长，是当前婚姻债务的主要特点。夫妻共同债务能否清楚界定对于债权人与婚姻当事人合法利益的保护具有重大意义，婚姻法司法解释关于“推定夫妻共同债务”的规定，旨在寻找夫妻财产与第三人利益之间一种符合公平正义的平衡点，以更好地维护夫妻的共同利益、夫妻的个人利益以及第三人的合法权益。

善意取得房屋并过户买卖行为有效

【案情】

张某与王某系夫妻关系，双方婚后共同财产中有房屋一套，其房屋产权证记载所有人为张某，无其他共有人。2008年3月份，陈某在报纸上看到张某出售该房屋的信息后，电话联系张某，双方签订《房屋买卖合同》，最终商定房价为35万元。付清房款后，办理了过户手续。2008年12月王某提起诉讼，认为该房屋系自己和张某的夫妻共同财产，而非张某的个人财产，未经王某同意，张某与陈某之间的买卖合同应当无效。

【评析】

《物权法》第一百零六条规定："无处分权人将不动产或者动产转让给受让人的，所有权人有权追回；除法律另有规定外，符合下列情形的，受让人取得该不动产或者动产的所有权：（1）受让人受让该不动产或者动产时是善意的；（2）以合理的价格转让；（3）转让的不动产或者动产依照法律规定应当登记的已经登记，不需要登记的已经交付给受让人。"

（一）本案陈某取得该房屋是善意的

在转让时其房屋产权证的权利人仅登记张某一人，根据房屋产权证的物权法定和公示原则，陈某有理由相信该房屋为张某的个人财产，没有充分证据证明陈某在交易时具有恶意。此外，我国《合同法》第七十四条规定："债务人以明显不合理的低价转让财产，对债权人造成损害，并且受让人知道该情形的，债权人也可以请求人民法院撤销债务人的行为。"所以，陈某在不知情的情况下，取得该房屋的所有权是善意的。

（二）陈某以合理价格取得房屋

最高人民法院《关于适用〈合同法〉若干问题的解释（二）》第十九条规定："对于合同法第七十四条规定的'明显不合理的低价'，人民法院应当以交易当地一般经营者的判断，并参考交易当时交易地的物价部门指导价或者市场交易价，结合其他相关因素综合考虑予以确认。转让价格达不到交易时交易地的指导价或者市场交易价百分之七十的，一般可以视为明显不合理的低价。"本案买卖房屋的双方签订了《房屋买卖合同》，约定房价为35万元，没有超出或低于当地市场交易价格的70%，因此，陈某是以合理价格取得该房屋。

（三）本案讼争房屋已经变更登记

《物权法》第九条规定："不动产物权的设立、变更、转让和消灭，经依法登记，发生效力；未经登记，不发生效力，但法律另有规定的除外。"由于李某对该房屋是善意取得，签订的《房屋买卖合同》是双方真实意思表示，且该房屋已经办理了过户登记，取得了不动产物权，为保护交易安全和交易秩序，应驳回王某的诉讼请求。

【启示】

1. 房屋登记机关应将财产所有的共有人和所有权的变动情况记载于房屋登记簿上。

不动产权属证书是登记机关颁发给权利人作为其享有权利的证明，是物权的外在表现形式，不动产物权的根据是不动产物权登记簿，所以，房屋登记机关应当改革现有的登记制度，将财产所有权人全部记载于房屋登记簿上，颁发与房屋登记簿一致的不动产权属证书，有效防止财产共有人侵犯其他共有人的财产，真正起到房屋产权证书的物权公示作用。

2. 买房人应当查看房屋的权利状况。

查看房屋的所有权和土地使用权的登记情况，二手房的要查看房屋的权利状况，了解房屋有无共同共有人或按份共有人，防止侵犯公司股东共有财产人的利益；对家庭共同财产查看其家庭成员的共有情况，防止夫妻一方未经对方同意处分共同财产，防止继承人侵犯被继承人的权利，将共有财产变卖；查看房屋有无债务抵押、司法机关查封等权利瑕疵；了解建筑规划，区分房屋附属公共设施的所有权情况，区分房前屋后的草坪、露台、楼顶、外墙面、车位等所有权情况，防范不可预见的法律风险。

生日宴会头部起火
责任人承担相应责任

【案情】

2006年5月28日中午，原告蔡诗婷和被告曹勇之女同时在德美宾馆举行12岁生日宴会，被告陈子翔（11岁）随其母参加曹勇之女的生日宴会。为增加喜庆气氛，原告蔡家准备了罐装喷射彩带，被告曹勇家准备了喷纸拉炮。原告的生日庆典仪式开始，多名同学向原告头部喷射庆典彩条，被告陈子翔手持由被告曹勇家发放的庆典小拉炮，在距原告约一米处向原告头部发射，结果拉炮爆炸，瞬间引燃原告头部的彩条。原告被送入医院治疗，被诊断为面部、双耳及双上肢Ⅱ度烧伤，占体表面积6%。原告共住院17天，支出医疗费4349.73元。经司法鉴定中心鉴定：原告头面部色素脱失，已构成十级伤残。事后陈子翔父母除支付2000元医疗费外，对原告的其他损失拒不赔偿。为此，原告请求法院依法判令陈子翔、曹勇及德美宾馆三被告连带赔偿原告各项费用24 615元。

【判决】

法院一审认为，被告陈子翔手持喷纸拉炮向原告头部发射后原告头部瞬间起火是可以确认的事实。在被告陈子翔无法举证原告头部着火是其他原因造成的情况下，应当认定陈子翔拉响喷纸拉炮是造成原告伤害的直接原因，因此，对于原告的损害应承担主要责任。鉴于陈子翔尚未成年，为限制行为能力人，其赔偿责任由其法定监护人承担；被告曹勇作为喷纸拉炮的所有人和管理人，对该拉炮引发的事故亦存在管理上的过失，应当对原告的损害承担相应的责任；德美宾馆作为生日宴会的承办方，在一个大厅同时举办两家生日宴会，应采取有效的安全管理措施，但其未能尽到应尽义务，亦应承担一定的责任；而原告在举行生日庆典时采用易燃易爆物品，也是造成原告伤害的原因之一，存在一定过错，应承担相应的责任。根据《最高人民法院关于审理人身损害赔偿案件适用法律若干问题的解释》的规定，原告的医疗费、住院伙食补助费、护理费、鉴定费、残疾赔偿金等共计25 515.13元。按照当事人各方过错程度划分责任，被告陈子翔（法定监护人）承担赔偿50%的责任，被告曹勇承担赔偿25%的责任，被告德美宾馆承担赔偿12.5%的责任，其余12.5%的责任由原告自行承担。

【评析】

（一）本案三被告承担按份赔偿责任

本案判决没有支持原告请求的三被告承担连带赔偿责任，而是按照按份责任判令三被告承担不同程度和份额的责任，这是因为：本案应认定为多因一果的无意思联络的数人侵权类型。所谓多因一果侵权行为，是指无意思联络的数人侵权，无共同故意或者过失，但其行为间接结合导致同一损害结果发生的侵权行为。其法律特征在于：

第一，侵权行为的主体须为二人或者二人以上。

第二，各侵权行为人主观上无意思联络。这也是无意思联络的数人侵权与一般共同侵权行为的区别所在。在无意思联络的数人侵权中，行为人不仅没有共同故意，也没有共同过失。若各行为人能够预见和认识到自己的行为必然会与他人的行为结合，并造成对受害人的同一损害，则构成一般共同侵权。

第三，各行为人的行为偶然结合造成对受害人的同一损害。由于数人在主观上无意思联络，只是因为偶然因素致使无意思联络人的各行为偶然结合而造成同一损害后果，因而使各行为人的行为结合在一起的因素不是主观因素，而是行为人所不能预见和认识的客观的、外来的、偶然的情况。

第四，数加害人的行为与损害结果之间具有因果关系。因果关系是所有侵权行为的必备要件。

第五，由于各行为人之间无共同过错，因此不能使行为人共同负连带责任，而应依据各行为人的过错程度确定其各自所应负的责任。

从为自己行为负责的侵权法的基本原则出发，由于偶然因素致使无意思联络的数人行为造成了同一损害，不能要求其中一人承担全部责任或连带责任，而只能使各行为人对自己的行为造成的损害后果负责。民法对一般共同侵权行为人规定连带责任，是因为数个侵权行为人之间具有共同过错，主观上的共同过错使数个行为人之间的行为结成一个整体，因而各行为应负连带责任，而仅因为自己的行为与他人的行为偶然结合而使其负连带责任则过于苛刻，尤其是让轻过失的行为人连带承担重过失行为的侵权责任，既不符合民法上的公平观念，也与侵权法的基本原则相悖。

本案中，被告陈子翔手持喷纸拉炮向原告头部发射后原告头部瞬间起火是造成原告伤害的直接原因；被告曹勇作为喷纸拉炮的所有人和管理人，对该拉炮引发的事故亦存在管理上的过失，故应当对原告的损害承担相应的责任；德美宾馆作为生日宴会的承办方，在一个大厅同时举办两家生日宴会，应采取有效的安全措施，但其未能尽到应尽的安全保障义务，存在一定的过错，亦应承担相应的责任；原告在举行生日庆典时采用易燃易爆物品，其主观上存在一定程度的过失，这也是造成原告自身受伤的原因之一，应承担相应的责任。上述因素共同造成本案同一损害结果——原告蔡诗婷被烧伤。上述加害主体的加害行为对原告的受伤行为不存在共同故意，也不存在共同的过失，加害行为的结合具有偶然性，并非全部都是直接或者必然导致同一损害结果的发生，是数个加害行为间接结合导致损害结果发生的，且上述数个行为的损害结果的原因力及后果是可以区分的。依据最高人民法院《关于审理人身损害赔偿案件适用法律若干问题的解释》第三条之规定：二人以上没有共同故意或者共同过失，但其分别实施的数个行为间接结合发生同一损害后果的，应当根据过失大小或者原因力比例各自承担相应的赔偿责任。本案中，三被告及伤者蔡诗婷均应对各自行为所造成的损害后果负责，依据各自的过失程度及各自行为对损害后果的原因力划分各自责任的份额并承担相应的赔偿责任。

（二）本案三被告不应当承担连带赔偿责任

原告起诉主张判令三被告承担连带赔偿责任不能得到法院的支持。因为，在侵权行为中，承担连带责任的前提是共同侵权。《民法通则》第一百三十条规定："二人以上共同侵权造成他人损害的，应当承担连带责任。"这是研究我国共同侵权行为以及侵权连带责任的法律基础和根据。所谓的共同侵权也称共同加害行为、共同致人损害，是指两个或两个以上的行为人，基于共同的故意或者过失，侵害他人人身权利和财产权利的行为。

其法律特征包括：

第一，共同侵权行为的主体须为多个人，即共同侵权人须由二人或二人以上构成。

第二，共同侵权行为的行为人之间，在主观上具有共同过错，这是认定共同侵权的核心因素。在数个共同行为人之间须有共同致人损害的故意或者过失，基于此，而使数个行为人的行为连结为共同行为。

第三，数个共同加害人的共同行为所造成的损害是同一的、不可分割的。共同加害人的行为是相互联系的共同行为，其行为无论是否有分工，都造成一个同一的损害结果，而不是把每个加害人的独立行为所引起的后果机械相加。如果没有共同的损害结果，则不构成共同侵权行为，尤其是共同过失的共同侵权行为更是如此。

第四，数个共同加害人的行为与损害结果之间具有因果关系。各个行为人的行为尽管对共同的损害结果发生的原因力不会相同，但必须都和损害结果之间存在因果关系，行为具有原因力。

第五，共同侵权行为的法律后果，是由共同行为人承担连带侵权责任。这种连带侵权责任，是指受害人有权向共同侵权人中的任何一个人或数个人请求赔偿全部损失，而任何一个共同侵权人都有义务向受害人负全部的赔偿责任；共同加害人中的一人或数人已全部赔偿了受害人的损失，则免除其他共同加害人向受害人应负的赔偿责任。

共同侵权行为人承担连带责任的根据在于数人均具有共同的过错，共同过错使数人的行为形成统一的、不可分割的整体，各个行为人的行为都构成损害发生的原因，因而，各行为人均应对损害结果负连带责任。本案中，三被告和原告主观上没有共同的过错，只是数个加害行为偶然结合，导致同一损害结果发生，且上述数个行为的损害结果的原因力及后果是可以区分的，故不能认定为共同侵权行为，原告请求三被告承担连带赔偿责任的主张得不到支持。

一起交通肇事案件的分析

【案情】

2007年12月21日下午2时30分左右，被告张某（车主）驾驶一辆解放货车由北往南行驶，左转弯往东行驶时，与左侧驶来的李某驾驶的无牌无证摩托车相撞，造成乘车人王某受伤、摩托车损坏的交通事故。经交通警察支队进行事故责任认定，张某违反《道路交通安全法》第二十二条第一款之规定，负此事故的主要责任；李某违反《道路交通安全法》第十九条第一款之规定，负此事故的次要责任。

王某于2008年11月30日向人民法院提起诉讼，要求张某赔偿误工费、住院伙食补助费、营养费、护理费、残疾赔偿金、精神损害抚慰金共计49 000元，并要求张某承担本案鉴定费、诉讼费。

本案争议的焦点：

（1）王某已经放弃了对李某的请求，是否还有权再要求张某承担全部赔偿责任？

（2）张某所驾机动车事发时正值脱保期间，对本起事故张某应否根据《道路交通安全法》第七十六条的规定按照机动车第三者强制保险在保额范围内先行赔付王某，剩余部分再按事故责任比例分担责任?

【分析】

根据本案的案情，针对双方争议的焦点，笔者分析后认为需明确两方面的问题：

（一）关于共同侵权造成损害结果的责任如何承担

（1）本案中，王某的损害结果是由于李某与张某分别实施的违法驾驶行为共同造成的，根据《最高人民法院关于审理人身损害赔偿案件适用法律若干问题的解释》（以下简称《人损解释》）第三条规定："二人以上共同故意或者共同过失致人损害，或者虽无共同故意、共同过失，但其侵害行为直接结合发生同一损害后果的，构成共同侵权，应当依照民法通则第一百三十条规定承担连带责任。二人以上没有共同故意或者共同过失，但其分别实施的数个行为间接结合发生同一损害后果的，应当根据过失大小或者原因力比例各自承担相应的赔偿责任。"李某与张某应当对王某的损害结果共同承担侵权责任。

（2）王某提起诉讼时，放弃了对李某的请求，而要求张某承担全部赔偿责任。根据《人损解释》第五条规定："赔偿权利人起诉部分共同侵权人的，人民法院应当追加其他共同侵权人作为共同被告。赔偿权利人在诉讼中放弃对部分共同侵权人的诉讼请求的，其他共同侵权人对被放弃诉讼请求的被告应当承担的赔偿份额不承担连带责任。责任范围难以确定的，推定各共同侵权人承担同等责任。人民法院应当将放弃诉讼请求的法律后果告知赔偿权利人，并将放弃诉讼请求的情况在法律文书中叙明。"结合本案交警部门所作的张某与李某在本起事故中分别承担主次责任的责任认定，由于王某自愿放弃对李某的诉讼请求，那么对于李某应承担的赔偿份额张某不应承担连带责任。

鉴于上述分析，王某放弃对李某的请求后，无权要求张某承担全部赔偿责任。

（二）机动车在交强险脱保期间发生交通事故，车主是否可以依照《道路交通安全法》第七十六条的规定按机动车第三者强制保险在保额范围内先行赔付，剩余部分再按事故责任比例分担责任？

张某所驾驶的机动车在发生交通事故时，该车的交强险正值脱保期间，在我国，《机动车交通事故责任强制保险条例》将机动车参加机动车交通事故责任强制保险设定为每个机动车车主的法定义务，据此，机动车拥有者应当在保险期限届满前及时办理续保手续，否则在此期间发生交通事故时，应由车主承担相应的赔偿责任。

《机动车交通事故责任强制保险条例》第三条规定："本条例所称机动车交通事故责任强制保险，是指由保险公司对被保险机动车发生道路交通事故造成本车人员、被保险人以外的受害人的人身伤亡、财产损失，在责任限额内予以赔偿的强制性责任保险。"

我国《道路交通安全法》第七十六条规定：机动车发生交通事故造成人身伤亡、财产损失的，由保险公司在机动车第三者责任强制保险责任限额范围内予以赔偿。超过责任限额的部分，赔偿责任承担方式是：机动车之间发生交通事故的，由有过错的一方承担责任；双方都有过错的，按照各自过错的比例分担责任。

结合本案情况，张某所驾机动车造成王某受伤，那么该车所投保的保险公司就应先在责任限额内对王某予以赔偿，而本案事发时张某所驾驶机动车的交强险正值脱保期间，该车脱保是由于该车的车主即张某未及时续保所致，那么张某就应依照《道路交通安全法》第七十六条的规定，按机动车第三者强制保险在保额范围内先行赔付王某，剩余部分再按张某与李某应承担的责任比例分担。

【启示】

通过对本案的分析，笔者认为，对于共同侵权行为造成的交通事故，虽然选择被告是法律赋予原告的权利，但应慎重；通过本案也提醒机动车驾驶员要严格遵守交通法规，谨慎驾驶车辆，同时车主也要按期投保、续保，认真履行义务，更好地保护自己和他人的权益。

《侵权责任法》第五十三条规定："机动车驾驶人发生交通事故后逃逸，该机动车参加强制保险的，由保险公司在机动车强制保险责任限额范围内予以赔偿；机动车不明或者该机动车未参加强制保险，需要支付被侵权人人身伤亡的抢救、丧葬等费用的，由道路交通事故社会救助基金垫付。道路交通事故社会救助基金垫付后，其管理机构有权向交通事故责任人追偿。"

拾得人对遗失物有归还失主的义务

【案情】

李某是一位有名的古董收藏家。2010 年 4 月 1 日，他在古董市场发现小摊上有一清朝时期的瓷器，便与卖家商量价钱决定购买，成交之后李某携该瓷器去别家摊位闲逛，回家后发现刚买的瓷器已不见踪影。事后查明，李某将该瓷器遗失于古董市场的赵家摊位。同年 5 月 1 日，摊主赵某将该瓷器卖与另一古董收藏家王某。李某遂向王某索要该瓷器，但是王某辩称不知道该瓷器是李某丢失的东西，并且认为自己已经支付了全部价款，因此，该瓷器的所有权自然应当归他。李某无奈，只好将王某起诉到法院，要求返还该瓷器。

【判决】

法院一审判决，瓷器归李某所有，王某应于判决生效后十日内将该瓷器返还给李某，李某支付给王某的费用由赵某赔偿。

【分析】

（一）拾得人不能取得拾得物的所有权，所有权人或其他权利人有权追回自己的遗失物

遗失物是非出于原所有权人的意思（通常是疏忽大意）而丧失占有的物，这种丧失占有因非出于所有权人的本意，因而所有权人被认为没有丧失权利，故遗失物不是无主物，要明确认识遗失物的性质。

此案为典型的“索要遗失物案件”。《中华人民共和国物权法》第一百零七条规定：“所有权人或者其他权利人有权追回遗失物。该遗失物通过转让被他人占有的，权利人有权向无处分权人请求损害赔偿，或者自知道或者应当知道受让人之日起二年内向受让人请求返还原物，但受让人通过拍卖或者向具有经营资格的经营者购得该遗失物的，权利人请求返还原物时应当支付受让人所付的费用。权利人向受让人支付所付费用后，有权向无处分权人追偿。”由此可知，我国现行立法确立了拾得人的归还义务和失主的费用支出义务（拾得人的费用请求权），拾得人不能取得所有权。

也就是说，李某有两种方法维护自己的合法权利，一种是要求摊主赵某（即无处分权人）赔偿自己所受损失，该瓷器归王某所有；其二是自知道或应当知道王某占有遗失物之日起两年内向王某请求返还该瓷器。但是，因为王某是通过具有经营资格的赵某那里购得的该瓷器，所以李某要求王某返还该瓷器时应支付王某购买该瓷器所支付的费用。李某向王某支付所付费用后，有权向赵某追偿已支付的费用。

（二）遗失物不适用善意取得制度

善意取得，又称即时取得，是指无权处分他人财产的让与人将其有权占有的他人的动产交付于买受人，如买受人取得该动产时系出于善意，则其即取得该动产的所有权，原动产所有权人不得要求该受让人返还原物。根据《中华人民共和国物权法》第一百零六条的规定，善意取得应符合三个要件：

（1）受让人受让该不动产或者动产时是善意的；

（2）以合理的价格转让；

（3）转让的不动产或者动产依照法律规定应当登记的已经登记，不需要登记的已经交付给受让人。

结合此案例可知，王某作为该遗失物瓷器的受让人是善意的，即不知道该瓷器为遗失物，也是以合理的价格取得的，并且瓷器已经由赵某交付给王某。那么，为何王某没有合法取得该瓷器的所有权呢？这是因为，法律倾向保护遗失物原所有人的权利而特别规定的，因此，遗失物不适用善意取得制度，法院严格按照我国法律相关规定做出判决，瓷器归李某所有。

【启示】

我们遗失了东西根据相关法律制度，采用合法方式和手段将遗失物取回，有效地维护自己的合法权利。

合伙企业的合伙人的责任承担

【案情】

2002年6月，赵某、钱某、孙某、李某四人决定投资设立一合伙企业，并签订了书面合伙协议。协议部分内容如下：

（1）赵某货币出资10万元，钱某以实物折价出资8万元，经其他三人同意，孙某以劳务折价出资6万元，李某以货币出资4万元；

（2）赵、钱、孙、李按2∶2∶1∶1的比例分配利润和承担风险；

（3）由赵某执行合伙企业事务，对外代表合伙企业，其他三人均不再执行合伙企业事务，但签订大于1万元的销售合同应经其他合伙人同意。

合伙协议中未约定合伙企业的经营期限。

合伙企业存续期间，发生下列事实：

（1）2002年7月，赵某擅自以合伙企业的名义与A公司签订了销售合同，A公司不知道合伙企业对赵某的权限限制。钱某获知后，认为该合同不符合合伙企业利益，经与孙某、李某商议后，即向A公司表示对该合同不予承认，因为合伙协议规定赵某无单独与第三人签订此类销售合同的权利。

（2）2003年1月，李某提出退伙，其退伙并未给合伙企业造成任何不利影响。2003年3月，合伙人李某与其他合伙人进行结算后，撤资退伙。于是，合伙企业又接纳周某入伙，周某出资4万元。2003年5月，合伙企业的债权人B公司就合伙人李某退伙前发生的债务24万元要求合伙企业的现合伙人赵某、钱某、孙某、周某和退伙人李某共同承担连带责任。周某以自己新入伙为由，拒绝对其入伙前的债务承担清偿责任。

（3）赵某为了改善企业的经营管理，于2003年4月独自决定聘任王某担任该合伙企业的经营管理人员，并以合伙企业的名义为C公司提供担保。

（4）2004年4月，合伙人钱某在与D公司的买卖合同中，无法清偿D公司的到期债务8万元，D公司于2004年6月向人民法院提起诉讼，人民法院判决D公司胜诉。D公司于2004年8月向人民法院申请强制执行钱某在合伙企业中的全部财产份额。

【争议焦点】

（1）赵某以合伙企业名义与A公司所签订的销售合同是否有效?

（2）如果李某向B公司偿还了24万元的债务，李某是否可以向其他合伙人追偿?

（3）周某是否承担入伙前发生的债务24万元?

（4）赵某聘用王某担任合伙企业的经营管理人及为C公司提供担保的行为是否合法?

（5）合伙人钱某被人民法院强制执行其在合伙企业中的全部财产份额后，合伙企业决定对钱某进行除名，合伙企业的做法是否符合法律规定?

（6）李某的退伙是否合法?

【分析】

（一）赵某与A公司签订的的销售合同有效

根据合伙企业法的规定，合伙企业对合伙人执行合伙企业事务以及对外代表合伙企业权利的限制，不得对抗不知情的善意第三人。本案中，赵某的行为虽然超越了合伙企业内部的限制，但A公司作为善意第三人，因此，赵某以合伙企业名义与A公司所签订的销售合同有效。

（二）李某向B公司偿还了24万元的债务，李某是否可以向其他合伙人追偿

根据合伙企业法的规定，退伙人对其退伙前已发生的合伙企业债务，与其他合伙人承担连带责任。如果李某向B公司偿还了24万元债务，李某可以向合伙人赵某、钱某、孙某、周某进行追偿。

（三）周某承担入伙前发生的债务24万元

根据合伙企业法的规定，入伙的新合伙人对入伙前合伙企业的债务承担连带责任。

（四）赵某聘任王某担任合伙企业的经营管理人员及为C公司提供担保的行为不符合规定

根据合伙企业法的规定，合伙企业委托一名或数名合伙人执行合伙企业事务时，以下事项必须经全体合伙人一致同意：① 处分合伙企业的不动产；② 改变合伙企业的名称；③ 转让或处分合伙企业的知识产权和其他财产权利；④ 向企业登记机关申请办理变更登记手续；⑤ 以合伙企业的名义为他人提供担保；⑥ 聘任合伙人以外的人担任合伙企业的经营管理人员；⑦ 依照合伙协议约定的其他事项。

（五）合伙企业的做法不符合法律规定

根据合伙企业法的规定，合伙人被人民法院强制执行其在合伙企业中的全部财产份额的，属于当然退伙，退伙以法定事由实际发生之日为退伙生效日。

（六）合伙人李某的退伙属于通知退伙

根据合伙企业法的规定，合伙人通知退伙应满足以下条件：①合伙协议未约定合伙企业的经营期限；②合伙人退伙不会给合伙企业事务执行造成不利影响；③应当提前30日通知其他合伙人。

关于保险定损问题的法律分析

【案情】

2009年6月10日，原告赵某所有的金龙客车在被告保险公司投保了交强险和商业第三者责任保险(不计免赔)，其中商业第三者责任保险的保险金额为20万元。2009年9月8日，原告赵某驾驶金龙客车与刘某驾驶的奇瑞轿车发生交通事故，致使奇瑞轿车内人员杨某受伤，二车损坏。经交警部门认定，原告赵某负事故的全部责任。杨某将赵某诉至甲县人民法院，2010年2月2日甲县人民法院做出民事判决，判决赵某赔偿杨某医疗、误工、伤残等费用33 628.61元。后刘某也提起诉讼，要求赵某赔偿车辆损失。经甲县人民法院主持调解，2010年3月5日甲县人民法院以调解书确定赵某赔偿刘某车损12 040元。以上赵某共支付费用45 668.61元。在赵某向保险公司理赔时，双方发生纠纷，故赵某诉至乙县人民法院，要求保险公司支付其已支付第三者的赔偿费用共计45 668.61元。

本案争议的焦点：被告保险公司是否应按甲县人民法院的判决、调解数额赔偿原告赵某。原告赵某认为，自己在被告处投保，已按合同约定缴纳了保费，事故发生后也通知了被告。第三者向甲县人民法院起诉，自己已先行赔付第三者，被告保险公司应按甲县人民法院的判决书、调解书确定的赔偿数额对自己进行理赔。调解的直接依据是甲县价格认证中心做出的《关于对奇瑞轿车的价格鉴定结论书》。被告保险公司则认为，应驳回原告赵某的诉讼请求。理由是：

（1）本案为合同纠纷，违反了交强险第十七条、第三者责任险条款第二十一条“引起与保险赔偿有关的仲裁或诉讼时，被保险人应当及时书面通知保险人”，第二十七条“保险人受理报案、现场查勘、参与诉讼、进行抗辩、要求被保险人提供证明和资料、向被保险人提供专业建议等行为，均不构成保险人对赔偿责任的承诺”，被保险人未通知我公司参加诉讼造成的本案损失由原告承担。

（2）本案原告所提供的证据，一个判决、一个调解属于侵权法律关系形成的法律文书，不能强加于保险合同的法律关系。

（3）第三者责任险条款第二十三条规定：“因保险事故损坏的第三者财产，应当尽量修复。修理前被保险人会同保险人检验，协商确定修理项目、方式和费用。否则，保险人有权重新核定；无法重新核定的，保险人有权拒绝赔偿。”本案所产生的车辆损失应以保险公司定损价格为准，保险合同有明确的约定，对原告提供的价格鉴定结论等保险公司不予认可。保险公司对原告发生的交通事故和甲县法院做出的判决、调解的真实性不持异议，但判决、调解只能作为交通事故的证明材料，不能作为赔偿的唯一证据。

【评析】

本案非常典型，集中了保险合同纠纷中关于定损争议的诸多情形，从赔偿项目上涉及车损、人伤，从保险项目上涉及强制险、商业险，从赔偿依据上涉及法院判决、调解以及价格鉴定结论，现结合保险公司的定损权展开评析。

（一）保险公司定损权的来源与评价

保险定损是保险理赔的最重要环节，定损环节是保险人确定其承担赔偿数额的重要依据。损失核定是指保险理赔人员在分清保险责任的基础上，会同事故有关当事人依据保险单、条款、法规和各类标准，通过平等协商进一步确定事故相关的财产损失，核定事故中人员伤亡的费用，以及进行损余物资作价处理等事项的工作。我国《保险法》第二十四条规定："保险人收到被保险人或者受益人的赔偿或者给付保险金的请求后，应当及时作出核定。"一方面，该条要求保险人在定损时须负及时性的义务。另一方面，独立自主地定损还应该是保险人的一项权利。也即法律确定了保险人具有保险定损权。以车险为例，在条款中都设置有定损条款，即要求被保险人在保险事故发生后，应立即向保险公司报案，然后由保险公司和被保险人就车辆的损失情况进行确定，对车辆损失修理的范围、项目和费用进行约定，即保险理赔程序中的"定损"。保险公司设置定损条款、进行定损行为的根本目的基于其成本控制需要，通过定损行为来降低因被保险人不诚信所带来的经营风险，防止保险诈骗行为的发生。其产生的根本原因在于保险公司对被保险人诚信水平的怀疑。

在当前社会整体诚信水平不高的情况下，保险公司在理赔环节中加入定损环节，是十分合理和必要的。如果否认保险公司定损行为的合理性，完全要求保险公司按照被保险人的实际修理费用赔偿，那么将出现大量的保险诈骗案件，保险公司的经营成本也会大大增加，不利于保险行业的整体发展。虽然定损作为保险公司合理的经营行为，具有合理性，但在实际操作中，定损权已被保险公司发展为限制被保险人获取充分赔偿的一个主要手段。现实中，由于当事人的法律水平不高、维权意识不强，加之保险公司独特的市场地位，导致多数保险事故发生后，当事人不得不以保险公司定损结果作为保险理赔的依据。从形式和保险条款的规定上看，定损内容应由保险公司与被保险人协商确定，但所谓的双方自愿协商是指被保险方发生事故后，由保险方按照自己制定的定额标准单方面进行定损。在定损结果基础上，约请被保险方认可签字的过程称为自愿协商。从这种"自愿协商"情况不难看出，保险公司既是定损定额标准的制定者，又是定损的评定机构。而另一方被保险人既对定损过程不熟悉，更难了解定损方法和标准，很明显，这种协商前提和基础已不公正，协商便没有什么公平可言。由此也导致在保险理赔中因定损引发的投诉率居高不下，同时也导致大量纠纷的发生。

（二）保险定损纠纷典型法律问题

据最高人民法院民二庭庭长宋晓明在中国保险法学研究会成立大会上介绍，近年来各级人民法院受理各类保险纠纷案件呈大幅上升趋势，2005年受理14 465件，2010年增加到59 747件。保险纠纷案件审判面临的形势和任务很严峻，主要表现为：市场发育还不够成熟，诚信体系亟待建立，保险纠纷案件增多，类型复杂多样，处理难度加大，保险立法尚待完善，司法解释工作尚待跟进。在保险合同纠纷案件中，因定损争议引发的纠纷占很大比重。司法实践在审理保险合同纠纷案件中，因定损机构与标准不统一引发诸多问题，下面将择取典型的三个问题进行分析。

1. 既有判决或调解是否可以作为定损依据。

正如本案所涉情况，保险事故发生后，因被保险人与受害人就事故赔偿无法达成一致，受害人将被保险人诉至法院，在审理过程中因受害人未列保险公司为被告或第三人、被保险人未申请追加保险公司加入诉讼、法院不同意保险公司参与诉讼、被保险人因种种缘由未通知保险公司等情况保险公司未参与诉讼，案件审理并判决，双方均未上诉致判决生效，且被保险人已据此履行赔偿责任。在理赔过程中，因被保险人与保险人就具体赔偿金额无法达成一致，因此造成诉讼。保险公司认为，在前述判决中，保险公司未作为一方当事人参加诉讼，导致本身定损权无法有效实现，故要依据定损权进行相应核减，认为判决对其不产生法律效力。笔者认为，在本案情况下，前案法院判决对于损失项目及数额的确认可以直接作为保险公司的理赔依据，因生效的判决书拥有既判力，且关于损失认定已经过司法审查和认定，司法认定的效力显然应高于保险公司的定损。这种情况下产生的司法认定，关于未通知保险公司参诉不承担责任或是在侵权法律关系中形成的不适用于保险合同关系的抗辩，显然无法成立。但是本案还有另外一种情况，即调解书是否可以直接作为损失认定依据。笔者认为，对于调解需要区分情况来处理，因为调解是当事人对自身享有民事权利的自由处分，可能存在保险足额情况下双方串通损害保险公司权益的情况，保险公司有权对调解书内容进行适当审查，若调解数额有充足且合理的依据，应直接依据调解书来认定；若明显存在串通情形，可独立核定；若被保险人有异议可经司法程序进行审查认定。

2. 第三方机构鉴定的证据效力。

在实践中关于损失常见的第三方鉴定机构有司法鉴定机构、价格认证机构、保险公估机构等。事故当事人各方均有权委托具有评估资质的中介机构对损失进行评估，但这一委托评估行为只是一个当事人单方的委托行为，结果只能供委托当事人单方参考，而不能作为交通事故责任者承担法律责任的认证依据。实践中第三方机构皆存在这样那样的问题，如交警部门与物价部门的强强联合，使物价局价格认证中心广泛地介入到了保险事故车辆定损中，背后还存在着紧密的利益链条，且基于价格认证中心的收费方式（按定损结果比例收费，定损数额越高则收费越高）和估损方法，《价格认证报告》普遍存在低损高定的现象。实践中存在只定价不定损、定损数额虚高不下、定损报告粗制滥造的问题。保险公估机构定位为“依照《保险法》等有关法律、行政法规以及本规定，经中国保险监督管理委员会批准设立的，接受保险当事人委托，专门从事保险标的的评估、勘验、鉴定、估损、理算等业务的单位”，但因为保险公估机构与保险公司有着千丝万缕的联系，且保险公司系其主要的业务来源，公估报告的权威性受到置疑。在实践中常常是事故发生后，因就损失无法达成一致，单方委托至相应机构进行鉴定。因此在司法审查时应赋予相对方的异议权和重新鉴定申请权，若无异议只能认可其效力，且该效力高于保险公司单方出具的定损报告。

3. 保险公司的诉讼地位。

关于保险公司在包含交强险的交通事故案件中的诉讼地位，无论在理论上还是在实践中，应该是已经形成共识，在这里主要讨论的是一般的责任保险纠纷中保险公司的诉讼地位。新保险法第六十五条以法定形式明确赋予了第三者直接向保险人赔偿保险金的请求权，并限制保险人向未承担赔偿责任的被保险人赔偿保险金。新保险法的这一变化，势必会引发关于保险公司诉讼地位的一系列变化。按新保险法第六十五条第二款之规定，第三者可以基于被保险人要求（即债权转让）或在代位权条件成就（怠于请求）的情况下规定而取得保险金请求权。在此情况下，第三者可以基于保险合同向法院提出起诉。此时，保险人就成为保险诉讼案件的被告。被保险人诉讼地位应根据债权转让或代位权的覆盖程度而确定共同被告或第三人。第三者以侵权关系起诉的案件中，如第三者仅将被保险人列为被告而未将保险人列为共同被告的，按新保险法第六十五条第二款关于“根据被保险人的请求，保险人应当直接向该第三者赔偿保险金”的规定，只要被保险人提出申请，法院即应将保险人追加为共同被告。而根据新保险法第六十五条第二款关于“被保险人怠于请求的，第三者有权就其应获赔偿部分直接向保险人请求赔偿保险金”的规定，如被保险人不提出追加申请，即可视为“怠于请求”，第三者也就有权向法院提出追加申请。新保险法第六十五条第三款规定：“被保险人未向该第三者赔偿的，保险人不得向被保险人赔偿保险金。”如果保险人违反上述规定，造成第三者损失的，则应承担赔偿责任，此纠纷情形下保险人应作为被告。

（三）新保险法对保险公司定损权的限制

《中华人民共和国保险法》已由中华人民共和国第十一届全国人民代表

大会常务委员会第七次会议于2009年2月28日修订通过，并于2009年10月1日起施行。本次修订进一步明确了保险活动当事人的权利、义务，加强了对被保险人利益的保护，对保险公司的定损权进行了具体限制，规定了保险人理赔的程序和时限。主要体现在：一是约束保险人要求被保险人补充索赔材料的行为。保险人认为被保险人等提供的有关索赔请求的证明和材料不完整的，应当“及时一次性书面”通知被保险人等补充提供，以避免保险人以此为由拖延理赔。二是明确核赔期限和通知义务。保险人收到被保险人索赔请求后，应当及时做出核定；“情形复杂的，应当在30日内做出核定，但合同另有约定的除外”。“保险人应当将核定结果书面”通知被保险人或者受益人，以督促保险公司及时受理索赔，及时核定责任。三是对不属于保险责任的，要求保险人自做出核定之日起三日内向被保险人或者受益人发出拒绝赔偿或者拒绝给付保险金通知书，并说明理由。四是规定了罚则，保险人未及时履行相关规定义务的，除支付保险金外，应当赔偿被保险人或者受益人因此受到的损失。五是提出了先予赔付的概念，保险人自收到赔偿或者给付保险金的请求和有关证明、资料之日起60日内，对其赔偿或者给付保险金的数额不能确定的，应当根据已有证明和资料可以确定的数额先予支付。一次书面告知、出具拒赔通知、先予赔付、相关罚则这些新的规定无疑对保险公司的理赔工作提出了更高的要求，也更有利于被保险人权益的保护。

后 记

稿件笃定，如释重负，心潮思涌，感慨万千。本书汇集了我近两年所撰写的调研文章，是我在法院审判实践中的真实感悟，也是我对审判中存在的问题和社会热点的法律思考和探索，凝聚了我的心血和汗水，今天结集出版，目的是和大家进行学习交流，如能对您的工作和生活有所帮助，是我最大的心愿。

回顾两年的写作过程，甘苦备尝，收获颇多。2007年4月调任法院工作后，每年接触大量的民事案件，看到有的政府职能部门在管理中存在许多法律方面的困惑和误区，以及由于管理的不严谨而被告上法庭；有的企业在经营活动中存在许多法律风险和隐患，常常因为同样的、简单的错误不断地打官司，造成极大的人力、物力、财力的浪费。于是我深入机关单位和乡镇（街道）进行调研，想尽自己所能为我区经济发展和社会稳定做一些基础性工作。作为一名政协委员，近年来我还积极参与了对四十多个企业专题调研和视察活动，法律工作者的责任和政协委员的职责驱使我拿起了手中的笔，写下了自己探索防范各种法律风险的司法建议和对策。虽然文章的语言还显得生涩，但却是我的真情实感；虽然我的文笔还透着笨拙，可它充满了一个法律人的良苦用心。每当我完成一篇文章，总有一种胸臆直抒、一吐为快的感觉；每当那些倾注了自己心血的文字在报纸、杂志上刊登，为有关单位的决策起到参考作用时，心中又有一种说不出的高兴和欣慰，能在有限的工作范围内为榆次经济发展和人民安居乐业做出自己微薄的贡献，就是我写这些文章的初衷。

本书的写作、编撰、出版，得到了许多前辈、领导、朋友、同事的关心、帮助和支持。山西省人大原副主任李玉臻和山西省高级人民法院院长左世忠在百忙中抽出时间审阅了书稿，并为本书亲笔作序，晋中中级人民法院院长张炜对《交通肇事案的法律思考及对策》一文专门做了批示，他们这种奖掖后学、提携晚辈的精神令我十分感动，在此，我致以真诚的谢意。同时也感谢省、市、区法院的领导和同志们对我工作的帮助，感谢山西人民出版社和山西省高院《调研专刊》、《山西政法》、《山西审判》、《生活晨报》、《晋中论坛》、《晋中审判》、《晋中综治》、《榆次时报》等报纸、杂志社的领导和同志们对我工作的支持，感谢我的家人给予的默默无闻的鼓励，没有他们的鼎力相助，很难想象这本书会在短时间内顺利问世。我会把这种真诚的关心、帮助、支持和鼓励化作前进的动力，今后继续在法律这块园地里勤奋耕耘，争取更大的收获。

感谢您读到本书，有不足之处，请您多多指教。

作　者

2011 年 5 月

图书在版编目（CIP）数据

法苑探析／成玉青著．—太原：山西人民出版社，2011.6

ISBN 978－7－203－07286－7

Ⅰ．①法… Ⅱ．①成… Ⅲ．①法律－中国－文集 Ⅳ．① D920.4－53

中国版本图书馆 CIP 数据核字（2011）第 090397 号

法苑探析

著　　者：成玉青
责任编辑：冯灵芝
装帧设计：陈　婷

出 版 者：山西出版集团·山西人民出版社
地　　址：太原市建设南路 21 号
邮　　编：030012
发行营销：0351－4922220　4955996　4956039
0351－4922127（传真）　4956038（邮购）
E－mail：sxskcb@163.com　发行部
sxskcb@126.com　总编室
网　　址：www.sxskcb.com

经 销 者：山西出版集团·山西人民出版社
承 印 者：山西出版集团·山西新华印业有限公司

开　　本：960mm×787mm　1/16
印　　张：14
字　　数：230 千字
版　　次：2011 年 6 月第 1 版
印　　次：2011 年 6 月第 1 次印刷
书　　号：ISBN 978－7－203－07286－7
定　　价：35.00 元